PERGUNTAS FREQUENTES SOBRE A REFORMA DA ACÇÃO EXECUTIVA

GABINETE DE AUDITORIA E MODERNIZAÇÃO

PERGUNTAS FREQUENTES SOBRE A REFORMA DA ACÇÃO EXECUTIVA

ALMEDINA

TÍTULO:	PERGUNTAS FREQUENTES SOBRE A REFORMA DA ACÇÃO EXECUTIVA
AUTOR:	GABINETE DE AUDITORIA E MODERNIZAÇÃO
EDITOR:	EDIÇÕES ALMEDINA. SA Rua da Estrela, n.º 6 3000-161 Coimbra Telef.: 239 851 904 Fax: 239 851 901 www.almedina.net editora@almedina.net
EXECUÇÃO GRÁFICA:	G.C. – GRÁFICA DE COIMBRA, LDA. Palheira – Assafarge 3001-453 Coimbra producao@graficadecoimbra.pt JANEIRO, 2005
DEPÓSITO LEGAL:	221337/05

Toda a reprodução desta obra, seja por fotocópia ou outro qualquer processo, sem prévia autorização escrita do Editor é ilícita e passível de procedimento judicial contra o infractor.

I
A FASE LIMINAR

1. **É possível a cumulação de uma execução nova com uma acção executiva proposta ao abrigo do regime anterior?**
   Não. De acordo com o n.º 1 do art. 21.º do DL n.º 38/2003, de 8 de Março – alterado pelo DL n.º 199/2003, de 10 de Setembro –, o novo regime é aplicável apenas às acções propostas a partir de 15 de Setembro de 2003. Às acções já em curso nesta data aplica-se o regime anterior.

2. **Quando tem lugar a liquidação de quantia em dívida prevista pelo art. 805.º?**
   A operação de liquidação regulada nos n.ºs 1 a 4 do art. 805.º tem lugar em duas situações:
   – na liquidação de sentença que contenha condenação genérica, quando a liquidação da obrigação dependa de simples cálculo aritmético; e
   – na liquidação de título extrajudicial, quer dependa ou não de simples cálculo aritmético, com a ressalva do art. 46.º, n.º 1, c), no que aos documentos particulares diz respeito.

   A liquidação de sentença de condenação genérica, quando não dependa de simples cálculo aritmético, está sujeita ao incidente de liquidação em acção declarativa (art. 661.º e arts. 378.º e seguintes).

3. **Como se procede à liquidação de quantia em dívida ilíquida, nos termos do art. 805.º?**
   Quando é ilíquida a quantia em dívida e é extrajudicial o título executivo, o exequente deve especificar os valores que considera compreendidos na prestação devida e concluir o requerimento executivo com um pedido líquido (art. 805.º, n.º 1). Para tanto,

deve assinalar e preencher os campos 04 e 05 e/ou 06 e 07 do quadro 11 do anexo C4.

O exequente assinala e preenche os campos 04 e 05 quando estiver em causa um valor determinável por simples cálculo aritmético (por exemplo, a obrigação de pagamento de juros, a obrigação de pagamento de um preço a determinar de acordo com uma cotação, a obrigação de pagamento de uma indemnização em montante a ratear por vários credores) e/ou os campos 06 e 07 quando se trate de liquidação não dependente de cálculo aritmético. Em qualquer dos casos, o exequente deve alegar os factos e expor a forma de obtenção dos valores (campo 08 do quadro 11 do anexo C4).

Se a quantia exequenda for composta, em parte, por valor líquido e, noutra parte, por valor ilíquido, deverão ser assinalados e preenchidos, além dos campos 04 e 05 e/ou 06 e 07, os campos 02 e 03.

Tratando-se de título executivo judicial, a liquidação constitui um incidente da acção declarativa principal, a deduzir nos termos dos arts. 378.º e seguintes. O n.º do 2 do art. 378.º aplica-se nos ou relativamente aos processos declarativos pendentes no dia 15 de Setembro de 2003 em que até essa data não tenha sido proferida sentença em primeira instância (n.º 3 do art.º 21.º do DL n.º 38/2003, de 8 de Março, na redacção do DL n.º 199//2004, de 10 de Setembro).

4. **Como se processa a execução de obrigação composta por parte líquida e parte ilíquida?**

Quando é ilíquida a quantia em dívida, o exequente deve especificar os valores que considera compreendidos na prestação devida e concluir o requerimento executivo com um pedido líquido (art. 805.º, n.º 1).

A parte líquida pode ser executada de imediato, mediante requerimento do exequente. A liquidação da parte ilíquida pode ser feita na pendência da mesma execução e nos termos previstos nos arts. 378.º e seguintes (art. 805.º, n.ºs 7 e 8).

5. **A execução compreende os juros que continuem a vencer-se e o pagamento da sanção pecuniária compulsória?**

Sim. Os juros já vencidos à data da propositura da acção devem ser objecto de cálculo e sobre eles deve incidir um pedido líquido. Quando a execução compreende juros que continuem a vencer-se, a respectiva liquidação é feita a pedido, no final e pela secretaria, em face do título executivo e dos documentos que o exequente ofereça em conformidade com ele, ou, sendo caso disso, de acordo com as taxas legais de juros de mora aplicáveis (art. 805.º, n.º 2). Tal como com os juros entretanto vencidos, também a liquidação da sanção pecuniária compulsória é efectuada no fim, pela secretaria (art. 805.º, n.º 3).

6. **Em que momento compete à secretaria proceder à liquidação a que o art. 805.º se refere? Quais os documentos que devem ser remetidos à secretaria?**
   A liquidação é efectuada pela secretaria em duas situações:
   – nos casos em que a execução compreende juros que se continuem a vencer, sendo a respectiva liquidação efectuada de acordo com o título executivo e os documentos que o exequente ofereça em conformidade com aquele, ou, sendo o caso, em função das taxas de juro de mora aplicáveis (art. 805.º, n.º 2);
   – havendo lugar ao pagamento de sanção pecuniária compulsória (art. 805.º, n.º 3).
   Em ambos os casos, a liquidação é efectuada a final, devendo ser remetidos à secretaria todos os documentos necessários para que possam ser efectuados os cálculos correctos.

7. **Quando tem lugar e como se processa a liquidação a realizar por árbitros?**
   A liquidação é realizada por árbitros nos casos em que a lei especialmente o determine ou as partes assim o convencionem (arts. 805.º, n.º 5, e 380.º-A, n.º 1, *in fine*). Quando deva ter lugar para o efeito de sede de execução fundada em título diverso de sentença, realiza-se antes de intentada a acção executiva (art. 805.º, n.º 5), nos termos do art. 380.º-A.
   Os árbitros são nomeados de acordo com as regras previstas para a nomeação de peritos (arts. 380.º-A, n.º 3, e 568.º e seguintes). A sua decisão é homologada pelo juiz.

8. **Qual o regime aplicável à liquidação de sentença proferida antes de 15 de Setembro de 2003, mas transitada em julgado depois desta data?**

O regime aplicável é o que se encontrava em vigor antes da reforma da acção executiva. De acordo com o n.º 1 do art. 21.º do DL n.º 38/2003, de 8 de Março, as alterações ao Código de Processo Civil são aplicáveis apenas às acções propostas a partir de 15 de Setembro de 2003. Assim, tratando-se, não de um novo processo, mas de sentença proferida em recurso de acção proposta antes desta data – e, consequentemente, do trânsito em julgado da sentença da 1.ª instância –, o regime aplicável à liquidação respectiva é o anterior à reforma e não o estatuído pelo DL n.º 38/2003, de 8 de Março.

9. **Qual o regime aplicável à liquidação de sentença proferida depois de 15 de Setembro de 2003, em acção proposta antes desta data?**
Aplica-se o regime novo. O n.º 3 do art. 21.º do DL n.º 38//2003, de 8 de Março, na redacção dada pelo Decreto-Lei n.º 199/2003, de 10 de Setembro, determina que as regras dos arts. 47.º, n.º 5, 378.º, n.º 2, 380.º, n.ºs 2, 3 e 4, 380.º-A e 661.º, n.º 2, são as aplicáveis aos processos declarativos pendentes no dia 15 de Setembro de 2003, nos quais não tenha sido proferida sentença em 1.ª instância. É o caso da situação descrita: a acção encontra-se pendente em 15 de Setembro de 2003, sendo a sentença de 1.ª instância proferida após esta data.

10. **Qual o âmbito de aplicação do art. 825.º (penhora de bens comuns do casal) do CPC?**
O art. 825.º aplica-se quando se verifica dois pressupostos: a execução é proposta contra apenas um dos cônjuges e admite--se a penhora de bens comuns do casal. Estão incluídos na previsão deste artigo, quer os casos de responsabilidade exclusiva do cônjuge executado, quer os casos em que a responsabilidade é comum, nos termos da lei substantiva, mas em que foi proposta acção apenas contra um dos cônjuges responsáveis.

11. **Como preencher o requerimento executivo quando a acção é proposta nos termos do art. 825.º (penhora de bens comuns do casal) do CPC?**
Nos termos dos arts. 810.º, n.º 2, e 825.º, o exequente deve preencher o quadro 09 do anexo C3 (identificando o cônjuge do executado), assim como o quadro 15 do anexo C5 (requerendo

e fundamentando a comunicabilidade da dívida ao cônjuge) do requerimento executivo.

12. **Que direitos processuais assistem ao cônjuge do executado?**
    A posição processual do cônjuge do executado passou, com a reforma da acção executiva, a ser idêntica à do próprio executado. Assim, o cônjuge pode sempre opor-se à execução e à penhora, assim como exercer as faculdades atribuídas ao executado na fase de pagamento (art. 864.º-A).

13. **Como preencher o requerimento executivo, no caso de a acção executiva ser proposta contra ambos os cônjuges?**
    O exequente deve preencher dois <u>anexos C3</u>, de modo a identificar cada um dos executados enquanto tal. Esta situação não se integra no âmbito de aplicação do art. 825.º, uma vez que a acção é proposta contra ambos os cônjuges.

14. **Como deduzir o incidente de habilitação de herdeiros no requerimento executivo?**
    Devem ser preenchidos tantos <u>anexos C3</u> quantos os necessários para identificar os sucessores da parte falecida (art. 371.º). O incidente de habilitação pode ser deduzido no <u>anexo C7</u>, mediante o preenchimento dos <u>campos 01 a 05</u>.

15. **A abertura da autuação ocorre com a recepção do requerimento executivo ou da cópia de segurança?**
    O processo tem início na data de recepção do requerimento executivo (arts. 267.º, n.º 1, e 150.º).

16. **Em que situações deve a secretaria recusar a entrega do requerimento executivo?**
    O art. 811.º enumera taxativamente as situações em que o requerimento executivo deve ser recusado pela secretaria, a saber:
    – quando o requerimento executivo não conste do modelo oficial aprovado pelo DL n.º 201/2003, de 10 de Setembro;
    – quando omita algum dos requisitos impostos pelo n.º 3 do art. 810.º (indicação do fim da execução; exposição sucinta dos factos que fundamentam o pedido, quando não constem do título executivo; liquidação da obrigação e escolha da prestação, quando ela caiba ao credor);

– quando não seja apresentado o título executivo;
– quando seja manifesta a insuficiência do título apresentado (cfr. resposta à questão 17);
– quando não tenha sido junto o documento comprovativo do prévio pagamento da taxa de justiça inicial ou o documento que ateste a concessão de apoio judiciário, ressalvado o caso previsto no n.º 4 do art. 467.º (art. 474.º, f));
– quando não haja sido assinado (art. 474.º, g));
– quando não esteja redigido em língua portuguesa (art. 474.º, h)).

Qualquer um destes casos é exemplo de requisitos cuja falta – evidente, atenta a sua natureza formal – é passível de fácil detecção, razão pela qual é permitida a sua apreciação pela secretaria. Em todos as outras situações, a secretaria está obrigada a aceitar o requerimento executivo; no entanto, nas execuções dispensadas de despacho liminar, deve suscitar a intervenção do juiz quando (ver resposta à pergunta 33):

– duvide da suficiência do título ou da interpelação ou notificação do devedor (art. 812.º-A, n.º 3, a));
– suspeite da verificação de excepções dilatórias, não supríveis, de conhecimento oficioso (art. 812.º-A, n.º 3, b) e art. 812.º, n.º 2, a));
– fundando-se a execução em título negocial, suspeite, por ser manifesto e face aos elementos dos autos, da inexistência de factos constitutivos ou da existência de factos impeditivos ou extintivos da obrigação exequenda (art. 812.º-A, n.º 3, b) e art. 812.º, n.º 2, c));
– suspeite da verificação de outras irregularidades do requerimento executivo ou da falta de pressupostos processuais;
– pedida a execução de sentença arbitral, duvide da legalidade da submissão da questão a tribunal arbitral (art. 812.º-A, n.º 3, c)).

Sendo certo que os erros praticados pela secretaria não podem, em circunstância alguma, prejudicar as partes (n.º 6 do art. 161.º), da recusa ilegítima do requerimento executivo por parte do funcionário judicial cabe reclamação para o juiz em cuja dependência funcional este se encontra (n.º 5 do art. 161.º).

17. **Em que situações deve o título executivo ser considerado *manifestamente insuficiente*, para efeitos da alínea b) do n.º 1 do art. 811.º?**

    O título executivo é considerado *manifestamente insuficiente* apenas quando não preenche <u>de forma exterior e evidente</u> as condições de exequibilidade estabelecidas pela lei, nos arts. 47.º a 52.º. Estão, assim, em causa situações em que o documento apresentado não satisfaz os pressupostos legais que permitem que lhe seja atribuída a qualidade de documento com força executiva suficiente. São exemplo de manifesta insuficiência do título as situações em que o documento apresentado não constitui título executivo, nos termos do art. 46.º, assim como o facto de o título entregue (não o requerimento executivo) não constar do modelo legal (*v.g.*, uma letra que não conste do modelo de letra aprovado pela Portaria n.º 28/2000, de 27 de Janeiro, que aprova os novos modelos de letras e livranças, nos termos da Lei Uniforme sobre Letras e Livranças, e um cheque não assinado ou de valor inferior ao da dívida exequenda).

18. **O requerimento executivo deve ser recusado quando não conste do modelo oficial?**

    Sim. O art. 811.º, n.º 1, determina expressamente, nesta situação, a recusa do requerimento executivo por parte da secretaria. No entanto, o exequente dispõe de 10 dias para sanar o vício, considerando-se apresentado o novo requerimento na data em que o primeiro o haja sido (art. 811, n.º 3).

19. **A falta de qualquer elemento do requerimento executivo constitui fundamento de recusa do mesmo por parte da secretaria?**

    Apenas a falta dos elementos indicados no n.º 1 do art. 811.º constitui fundamento de recusa do requerimento executivo por parte da secretaria. Ainda assim, estes vícios são sanáveis no prazo de 10 dias subsequentes à recusa do requerimento executivo, como determina o n.º 3 do mesmo preceito, considerando-se o requerimento executivo apresentado na data em que foi apresentado o primeiro requerimento. O fundamento da recusa deve ser indicado, por escrito, pela secretaria (art. 474.º).

20. **Qual a consequência de o requerimento executivo ser apresentado em suporte digital com assinatura inválida ou sem assinatura do mandatário?**
    A secretaria recusa o requerimento executivo (arts. 811.º, n.º 1, c) e 474.º, g)).
    No entanto, o exequente pode apresentar novo requerimento nos 10 dias subsequentes à recusa ou à notificação da decisão judicial que a confirme, considerando-se que este novo requerimento foi apresentado na data em que o primeiro o tenha sido (art. 811.º, n.º 3).

21. **Nas situações em que o requerimento executivo é enviado por correio electrónico, deve a assinatura electrónica do mandatário ser acompanhada de certificado digital?**
    Não. A Portaria n.º 624/2004, de 16 de Junho, regula a forma de apresentação em juízo dos actos processuais enviados através de correio electrónico, nos termos da alínea d) do n.º 1 do art. 150.º, do CPC, e do n.º 6 do art. 152.º, do mesmo código.
    À luz deste diploma, quando remetidas por mandatário, as mensagens enviadas devem conter a assinatura electrónica respectiva (n.º 5 do art. 2.º), que deve ser acompanhada de certificado digital que garanta de forma permanente a qualidade profissional do mandatário (n.º 6 do mesmo preceito).
    O n.º 3 do art. 1.º da Portaria exclui, no entanto, a aplicação deste regime ao requerimento executivo.
    Exigência diferente é a que consta da alínea d) do n.º 1 do art. 150.º do CPC (também aplicável à acção executiva): quando se trata da prática por correio electrónico, de actos das partes, exige-se a aposição de assintura electrónica avançada, valendo como data da prática do acto processual a da expedição, devidamente certificada.
    Está aqui em causa, além da assinatura electrónica, a certificação da data e da hora de expedição do documento – MDDE – e não a certificação da qualidade profissional.
    A exigência do certificado profissional associado à assinatura electrónica do mandatário não é, pois, aplicável ao requerimento executivo.

22. **No caso de não ter sido enviada cópia de segurança do requerimento executivo, pode a secretaria recusá-lo?**

Não. O art. 5.º da Portaria n.º 985-A/2003, de 15 de Setembro, determina que, depois de enviar o requerimento executivo por via electrónica, o exequente imprima uma cópia de segurança do mesmo, nos termos do art. 150.º. A cópia de segurança deve ser entregue no tribunal no prazo de 5 dias, contados da data da distribuição (art. 150.º, n.º 3).
A não entrega da cópia de segurança não determina a recusa do requerimento executivo (art. 811.º, n.º 1), mas acarreta o pagamento das despesas a que a extracção de cópia der lugar (art. 152.º, n.º 5).

23. **Quando não apresente o requerimento executivo em suporte digital, mas apenas em papel, deve o exequente, ainda que pague a multa prevista para o efeito, entregá-lo em suporte digital?**
Não. O requerimento executivo deve ser entregue em formato digital, através da transmissão electrónica de dados (art. 3.º, n.ºˢ 1 e 2, do DL n.º 200/2003, de 10 de Setembro). O exequente que procede à entrega do requerimento executivo apenas em suporte de papel fica obrigado ao pagamento de uma multa, no valor de metade de unidade de conta. O pagamento da multa torna desnecessária a entrega do requerimento executivo em suporte digital.

24. **A falta de pagamento da multa por não entrega do requerimento executivo em suporte digital é fundamento de recusa do requerimento?**
Não. O exequente que, estando obrigado à entrega do requerimento executivo em suporte digital, a ela proceda apenas em suporte de papel fica obrigado ao pagamento imediato de uma multa (que não deve ser entendida como taxa de justiça), salvo alegação e prova de justo impedimento, nos termos previstos no art. 146.º (art. 3.º, n.º 4, do DL n.º 200/2003, de 10 de Setembro). Quando, por despacho, se determine a obrigação de pagamento da multa pelo exequente e este a ele não proceda, seguir-se-á a tramitação prevista no Código das Custas Judiciais, nos artigos 114.º e seguintes.

25. **Quando seja obrigatória a constituição de advogado, nos termos do art. 60.º, pode a secretaria do tribunal recusar o**

requerimento executivo não acompanhado de procuração forense?
Não. Apenas a falta dos elementos indicados no art. 811.º, n.º 1, constitui fundamento de recusa do requerimento executivo por parte da secretaria. Não sendo junta aos autos a procuração forense, segue-se o regime geral previsto no art. 40.º. Nestes termos, a falta de procuração ou a sua insuficiência ou irregularidade podem, em qualquer altura, ser arguidas pela parte contrária e suscitadas oficiosamente pelo tribunal.
Em qualquer dos casos, o juiz fixa o prazo dentro do qual deve ser suprida a falta ou corrigido o vício e ratificado o entretanto processado. Se, findo este prazo, a situação não se encontrar regularizada, fica sem efeito tudo o que tiver sido praticado pelo mandatário, devendo este ser condenado nas respectivas custas.

26. **A distribuição é efectuada quando ocorre a recepção do requerimento executivo ou a recepção da respectiva cópia de segurança?**
A distribuição tem lugar após a recepção do requerimento executivo. A cópia de segurança e demais documentos que acompanham a peça processual devem ser remetidos a tribunal, pelo exequente, no prazo de cinco dias contados da data da distribuição (arts. 150.º, n.ºs 3 e 4, e 267.º).

27. **O que acontece quando não constam do requerimento executivo os números do bilhete de identidade e de identificação fiscal do executado?**
O requerimento executivo deve indicar, sempre que possível, os números do bilhete de identidade e de identificação fiscal das partes (art. 806.º, n.º 1, c), por remissão do proémio n.º 3 do art. 810.º). A indicação destes dados identificativos do executado, assim como de quaisquer outros de que o exequente disponha, é relevante para o sucesso da acção executiva intentada.
A sua não indicação acarreta uma morosidade processual acrescida, já que, quando não constem estes dados do requerimento executivo, a secretaria judicial, antes da inscrição da execução no registo informático de execuções, notifica o solicitador de execução para que este indique, no prazo de 10 dias, os números de identificação fiscal, do bilhete de identidade, do passaporte ou da licença de condução (art. 2.º, n.º 5 do DL

n.º 201/2003, de 10 de Setembro). Para tanto, o solicitador de execução pode consultar as bases de dados, arquivos e outros registos, nos termos previstos no art. 833.º (art. 2.º, n.º 6, do referido diploma). No caso de o solicitador de execução não indicar esses elementos, por impossibilidade de conhecimento dos mesmos, a secretaria inscreve a execução no registo informático sem a sua indicação.

28. **É obrigatória a indicação, no requerimento executivo, dos bens a penhorar?**
Não. Com a reforma da acção executiva, a figura da nomeação de bens à penhora desapareceu. No entanto, o exequente pode indicar no requerimento executivo, sempre que entenda útil, os bens penhoráveis do executado, assim como todos os elementos relativos aos mesmos de que tenha conhecimento. Por outro lado, a omissão de indicação de bens no requerimento executivo não impede o exequente de directamente prestar essa informação ao agente de execução.
Em qualquer caso, é ao agente de execução que cabe a escolha dos bens a penhorar, nos termos dos arts. 821.º, n.º 3, e 834.º, n.ºs 1 e 2, sendo certo que pode, a todo o momento e sem necessidade de intervenção judicial, escolher bens diferentes dos bens indicados.

29. **Como deve o exequente proceder se quiser indicar, como bens penhoráveis, universalidades de facto ou recheios de imóveis?**
Sendo certo que não é obrigatória a indicação de quaisquer bens, quando se trate de universalidades de facto ou de recheios de bens imóveis e o exequente pretenda indicá-los como penhoráveis, bastará essa designação genérica no campo 09 do anexo P4, não sendo obrigatória, nem sequer necessária, a identificação de todos e cada um dos bens integrantes da universalidade ou do recheio em causa.

30. **É obrigatória a apresentação de requerimento executivo no caso de execução baseada em sentença de condenação em quantia certa?**
Sim. O requerimento executivo é a primeira peça processual apresentada na acção executiva, equivalendo à petição inicial

no processo declarativo. Todo o processo de execução assenta, quer no título executivo, quer no requerimento apresentado, no qual deve ser formulado o pedido do exequente.
O requerimento executivo deve ser acompanhado do título executivo (art. 810.º n.º 4). A apresentação deste é, porém, dispensada quando, fundando-se a execução em sentença proferida por tribunal português, a execução corra por apenso ao processo em que foi proferida ou este lhe seja apensado (art. 90.º, n.º 3).

31. **Qual é o tribunal competente para a execução fundada em sentença? A execução corre por apenso ou no traslado?**
Para a execução que se funde em decisão proferida por tribunais portugueses, é competente o tribunal do lugar onde a causa tenha sido julgada (art. 90.º, n.º 1). Por regra, a execução corre no traslado (art. 90.º, n.º 3).
No entanto, corre por apenso quando o juiz de execução entender conveniente apensar à execução o processo, já findo, em que a decisão haja sido proferida. Corre, também, por apenso – ao processo em que a decisão haja sido proferida – nas comarcas em que não há tribunal com competência executiva específica. Em Lisboa, a secretaria competente para a recepção de requerimentos executivos é, quando a execução se funde em sentença, a secretaria do tribunal onde a causa tenha sido julgada. Não obstante, a tramitação correrá junto da Secretaria-Geral de Execução das Varas Cíveis, dos Juízos Cíveis e dos Juízos de Pequena Instância Cível de Lisboa.

32. **Quando tem lugar o despacho liminar?**
Nos termos do n.º 1 do art. 812.º-A, não tem lugar o despacho liminar nas execuções baseadas em:
– decisão judicial ou arbitral;
– requerimento de injunção no qual tenha sido aposta a fórmula executória;
– documento exarado ou autenticado por notário ou documento particular com reconhecimento presencial da assinatura do devedor, desde que:
   a) seja apresentado documento comprovativo da interpelação do devedor, quando a lei o exija para o vencimento da

obrigação, se o montante da dívida não exceder a alçada do tribunal da relação, ou

b) o exequente demonstre ter exigido o cumprimento por notificação judicial avulsa, se o montante da dívida exceder a alçada do tribunal da relação;

– qualquer título de obrigação pecuniária vencida de montante não superior à alçada do tribunal da relação, desde que a penhora não recaia sobre bem imóvel ou estabelecimento comercial, nem sobre direito real menor que sobre eles incida, nem, ainda, sobre quinhão em património autónomo que os inclua.

Nos termos do n.º 7 do art. 812.º, a citação é previamente efectuada, sem necessidade de despacho liminar:

– quando, em execução movida apenas contra o devedor subsidiário, o exequente não tenha pedido a dispensa da citação prévia;
– quando, não sendo o título executivo uma sentença, a liquidação não dependa de simples cálculo aritmético (no caso do n.º 4 do art. 805.º); e
– nas execuções fundadas em título extrajudicial de empréstimo contraído para aquisição de habitação própria hipotecada em garantia.

Assim, o despacho liminar tem lugar em todos os demais casos (art. 812.º, n.º 1) e nas situações previstas no n.º 2 do art. 812.º--A, isto é:

– nas execuções movidas apenas contra o devedor subsidiário, em que o exequente tenha requerido que a penhora seja efectuada sem prévia citação do executado;
– no caso do n.º 2 do art. 804.º, isto é, quando seja necessária prova complementar – não exclusivamente documental – de que se verificou a condição ou que se efectuou ou ofereceu a prestação em casos de obrigação condicional ou dependente de prestação.

33. **Em que situações deve o funcionário judicial suscitar a intervenção do juiz, nas execuções dispensadas de despacho liminar?**

O n.º 3 do art. 812.º-A determina as situações, em que, não obstante a dispensa de despacho liminar, deve o funcionário judicial suscitar a intervenção do juiz, devendo o preceito ser lido de forma sistemática e conjugada com os arts. 811.º e 812.º, n.ᵒˢ 2 e 4. Assim, o âmbito de aplicação do preceito é o seguinte:

– nos casos em que, havendo lugar à dispensa de despacho liminar (aqueles que integram a previsão do n.º 1 do art. 812.º-A), existem dúvidas no que à suficiência do título executivo diz respeito, deve o funcionário judicial suscitar a intervenção do juiz. Quer isto dizer que se trata, não de manifesta insuficiência do título – não se integrando, portanto, na previsão da alínea b) do art. 811.º –, mas de dúvidas quanto a essa mesma suficiência;
– quando o funcionário suspeita da verificação de circunstâncias que fundamentam o indeferimento liminar ou o despacho de aperfeiçoamento, nos termos dos n.ᵒˢ 2 e 4 do artigo 812.º;
– quando, pedida a execução de sentença arbitral, o funcionário duvide da legalidade da submissão da questão a tribunal arbitral voluntário.

II
O AGENTE DE EXECUÇÃO

34. Qual o alcance da designação de solicitador de execução pelo exequente?
A designação do solicitador de execução é, em regra, feita pelo exequente no requerimento executivo (art. 810.º, n.º 3, e)). Trata-se, por um lado, de uma designação facultativa e, por outro, de uma designação cuja eficácia depende da aceitação do solicitador designado (art. 810.º, n.º 6).
Quando o exequente não haja designado o solicitador de execução ou quando a designação fique sem efeito, esta é feita pela secretaria (art. 811.º-A, n.º 1). Neste caso, o solicitador apenas pode recusar a designação através de pedido, devidamente fundamentado, à Secção Regional Deontológica da Câmara dos Solicitadores (art. 122.º, n.ºs 3, b), e 4, do Estatuto da Câmara dos Solicitadores).

35. Quem desempenha as funções de agente de execução quando não haja solicitador de execução inscrito no círculo judicial ou quando ocorra outra causa de impossibilidade?
Desempenha essas funções o oficial de justiça, escolhido segundo as regras de distribuição (art. 808.º, n.º 2).

36. Pode o exequente livremente designar, em substituição de solicitador já designado, um novo solicitador de execução?
Não. O poder de destituição do solicitador de execução é exclusivo do juiz de execução, ainda que a requerimento do exequente, com fundamento em actuação processual dolosa ou negligente ou em violação grave de dever que lhe seja imposto pelo respectivo Estatuto (art. 808.º, n.º 4).

37. **Deve a secretaria notificar o exequente da designação do solicitador de execução?**
    Não. A secretaria apenas notifica o solicitador de execução da sua designação, nos termos do art. 811.º-A, n.º 1.

38. **Qual a consequência da designação, pelo exequente, de solicitador de execução territorialmente incompetente?**
    As funções do agente de execução são desempenhadas por solicitador de execução designado pelo exequente ou pela secretaria, de entre os inscritos na comarca e nas comarcas limítrofes, ou, na sua falta, de entre os inscritos em comarca do mesmo círculo judicial (arts. 808.º, n.º 2, e 810.º, n.º 3, e)). Deve considerar-se sem efeito a designação de um solicitador de execução sem competência territorial para o desempenho das funções de agente de execução; assim sendo, há lugar a designação pela secretaria, segundo a escala constante da lista informática fornecida pela Câmara dos Solicitadores e de acordo com a precedência indicada no art. 808.º, n.º 2 (art. 811.º-A, n.º 1).

39. **Está o solicitador de execução obrigado a suportar, provisoriamente, as despesas da execução?**
    Não. O solicitador pode exigir, a título de provisão, quantias por conta de honorários e despesas, podendo renunciar se esta exigência não for satisfeita (art. 111.º, n.º 2, do Estatuto e art. 3.º, n.º 1, da Portaria n.º 708/2003, de 4 de Agosto). O exequente pode solicitar a discriminação, em função da fase processual em que os autos se encontram, dos honorários e das despesas que previsivelmente venham a realizar-se.
    Essas quantias são depositadas pelo solicitador de execução na conta-cliente, só podendo o solicitador retirar o dinheiro dos seus honorários depois de praticado o acto respectivo. Nos termos do n.º 4 do art. 112.º do Estatuto da Câmara dos Solicitadores, presume-se, para todos os efeitos legais, que as quantias depositadas em contas-clientes não constituem património próprio do solicitador.

40. **A que critérios obedece a fixação dos honorários do solicitador de execução no exercício da actividade de agente de execução?**

O solicitador de execução tem direito a ser remunerado pelos actos praticados, de acordo com as tarifas constantes da tabela do anexo I da Portaria n.º 708/2003, de 4 de Agosto (art. 7.º da Portaria). Estas tarifas podem sofrer um agravamento até 50%, decorrente da aplicação dos factores previstos no art. 9.º da Portaria.

No termo do processo, é devida, ainda, ao solicitador de execução uma remuneração adicional, que varia em função do valor recuperado (o valor do dinheiro entregue, o do produto da venda, o da adjudicação ou o dos rendimentos consignados) ou do valor garantido (o valor dos bens penhorados ou o da caução prestada pelo executado, com o limite do montante dos créditos exequendos), nos termos da tabela do anexo II, e da fase processual em que o montante foi recuperado ou garantido (art. 8.º, n.ºˢ 1 e 3 da Portaria). O valor resultante da aplicação da tabela do anexo II é multiplicado em função da fase processual em que tem lugar a recuperação ou a garantia do crédito (art. 8.º, n.º 2 da Portaria).

41. Deve o solicitador de execução informar o juiz de execução de todas as diligências que realiza?

Não. Cabe ao solicitador de execução, em regra, a realização de todas as diligências da execução, sob controlo do juiz, a quem é atribuído um poder geral de controlo do processo, que não se consubstancia no acompanhamento de todas e cada uma das diligências levadas a cabo por aquele (arts. 808.º, n.º 1, e 809.º, n.º 2). No entanto, ao processo deve ser junta toda a informação que releve para efeitos de actuação da secretaria do tribunal (por exemplo, a contagem de certos prazos pela secretaria implica que o agente de execução informe os autos das datas de citação das partes).

42. Que documentos devem os solicitadores de execução juntar ao processo?

Ao processo devem ser juntos todos os documentos relativos aos actos executivos, bem como toda a informação que releve para efeitos de actuação da secretaria do tribunal.
Ver resposta à pergunta 41.

43. Pode o juiz de execução revogar decisões do agente de execução?

O juiz de execução tem o poder de controlar, oficiosamente, as decisões cuja validade depende de critérios de legalidade. Caso verifique a inobservância destes critérios por parte do agente de execução, tem legitimidade para revogar a decisão em causa, com fundamento em ilegalidade. Aliás, o juiz de execução tem um poder geral de controlo da execução (art. 808.º, n.º 1), que pode exercer oficiosamente, actuando o agente de execução na sua dependência funcional (art. 116.º do Estatuto da Câmara dos Solicitadores).

Diferente é a situação das decisões tomadas no âmbito da discricionariedade do agente de execução. Nestes casos, a validade da decisão não depende da observância de critérios de legalidade, pelo que não pode o juiz de execução revogar a escolha efectuada no limite dos poderes discricionários que a lei atribui ao agente de execução.

44. Tem o agente de execução legitimidade para recorrer das decisões do juiz de execução?

Depende da decisão em causa. Nos termos dos arts. 922.º e 923.º, das decisões do juiz de execução cabe recurso a ser interposto por quem, sendo parte principal na causa, tenha ficado vencido e pelas pessoas directa e efectivamente prejudicadas pela decisão recorrida, ainda que não sejam partes na causa ou sejam apenas partes acessórias (art. 680.º). O art. 130.º do Estatuto da Câmara dos Solicitadores prevê, expressamente, a recorribilidade da decisão de destituição judicial do solicitador de execução.

45. Como proceder quando há um pedido de cessação de funções por parte do solicitador de execução, nos termos do art. 129.º do Estatuto da Câmara dos Solicitadores?

O conselho regional indica, no prazo de 10 dias, o solicitador ou os solicitadores de execução que assumem a responsabilidade dos processos pendentes (art. 129.º do Estatuto). O novo solicitador de execução notifica o exequente da sua designação, podendo este requerer a substituição quando o solicitador de execução originário tenha sido por si indicado.

Ao solicitador de execução substituto é entregue, obrigatoriamente, o arquivo dos processos de execução pendentes; os registos e suportes informáticos de contabilidade, das contas-cliente do solicitador de execução e do processo; os bens móveis de que o substituído era fiel depositário, na qualidade de agente de execução. São oficiosamente transferidos para o solicitador de execução substituto, mediante a apresentação de certidão emitida pelo conselho regional competente, os saldos das contas-cliente de solicitador de execução e a qualidade de fiel depositário em processo pendente.

46. **Em caso de destituição judicial do solicitador de execução e quando o exequente haja pago provisão, qual o procedimento a seguir?**
Em caso de destituição judicial do solicitador de execução, a secção regional deontológica – a quem a decisão de destituição é imediatamente comunicada – instaura um processo disciplinar (art. 130.º, ECS). Segue-se, então, o procedimento indicado no art. 129.º do Estatuto (ver resposta à pergunta 45).

47. **Pode o juiz condenar o solicitador de execução ao pagamento de multa?**
Não, salvo em casos excepcionais.
A violação, por parte de solicitador de execução, dos deveres consagrados no Estatuto da Câmara dos Solicitadores e nas demais disposições legais constitui, nos termos do art. 133.º daquele diploma, infracção disciplinar, sendo a Câmara dos Solicitadores a entidade com competência exclusiva para o exercício da respectiva acção de responsabilização. Assim, da prática – dolosa ou negligente (art. 133.º, n.º 2, do Estatuto) – de factos susceptíveis de constituir infracção disciplinar devem os tribunais dar conhecimento à Câmara (art. 137.º do Estatuto). A multa é uma das penas disciplinares previstas (art. 142.º, n.º 1, d), do Estatuto), carecendo a sua aplicação da prévia condenação em processo disciplinar (arts. 132.º e seguintes do Estatuto).
A multa prevista no n.º 2 do art. 519.º, preceito segundo o qual são condenados aqueles que – sendo ou não parte na causa e tendo o dever de prestar a sua «colaboração para a descoberta da verdade, respondendo ao que lhes for perguntado, subme-

tendo-se às inspecções necessárias, facultando o que for requisitado e praticando os actos que forem determinados» – recusem a colaboração devida, não é aplicável aos casos de violação de deveres disciplinares. Trata-se, aqui, de uma condenação instrumental à descoberta da verdade, fim visado pelo processo. Por ser uma sanção, sem garantias específicas de defesa e, em regra, irrecorrível (dado o valor da sucumbência), é de aplicação excepcional e muito circunscrita.

Em qualquer caso, o juiz pode sempre destituir o solicitador de execução, decisão que é imediatamente comunicada à secção regional deontológica e que implica, obrigatoriamente, a instauração de processo disciplinar (art. 130.º, n.º 1, do Estatuto).

48. É legalmente admissível a prática de actos executivos durante os períodos de férias judiciais?

Por regra, não. Nos termos do art. 143.º do Código de Processo Civil, não se pratica actos processuais nos dias em que os tribunais estiverem encerrados, nem durante o período de férias judiciais (n.º 1). Exceptuam-se, de acordo com o n.º 2, as citações, notificações e os actos que se destinem a evitar dano irreparável. A lei não define o que deva entender-se por acto processual, sendo certo, porém, que o conceito abarca os actos judiciais e todos os outros que, não sendo de expediente meramente burocrático, têm consequências para o e no processo.

Uma vez que a lei não impõe a aplicação de um qualquer regime especial aos actos executivos praticáveis por agente de execução, haverá que seguir o regime geral traçado pelo referido preceito. Assim, a menos que sob pena de ocorrência de um dano irreparável, o acto não deve ser praticado durante as férias judiciais. Em abono desta conclusão pode, ainda, aduzir-se o seguinte: (*a*) por um lado, o estatuto processual do agente de execução não permite um tratamento distinto consoante se trate do desempenho de funções por solicitador de execução ou por oficial de justiça; a abordagem unitária – que comporta poucas excepções, todas previstas por lei – deste novo operador judiciário implica, neste caso, que ao solicitador de execução não seja permitida a prática de actos que o oficial de justiça não pode executar; (*b*) neste sentido, as atribuições e os poderes de autoridade com que a figura do solicitador de execução foi dotada determinam, necessariamente, que este não possa ser concebido como um mero profissional liberal cujo exercício de funções se aproxima do de um advogado ou solicitador; (*c*) por outro lado, a necessária salvaguarda do direito de defesa – *maxime* através da oposição à execução, da oposição à penhora e da dedução de embargos de terceiro – não se coaduna com a impossibilidade de reacção aos actos executivos durante as férias judiciais (note-se que não se trata de um processo ou acto urgente); (*d*) por fim, não sendo exigível a prática de actos processuais durante as férias judiciais, uma vez que a contagem de prazos se suspende nesse período (n.º 1 do art. 144.º), aceitar a sua execução determinaria uma desigualdade processual que o sistema não pode nem deve comportar ou tolerar. Isto é, não pode fazer-se depender o andamento do processo – nomeadamente, no que à contagem dos prazos diz respeito – do critério de cada solicitador de execução; (*e*) ainda no que à não exigibilidade da prática de actos durante o período de férias judiciais diz respeito, há que notar que a mesma é geradora de uma situação de indefinição incompatível com a segurança jurídica que o sistema deve oferecer, principalmente quando se trate de actos potencialmente lesivos de direitos, como são os actos de penhora.

Estando acautelada a fundamental excepção das citações, notificações e actos que se destinem a evitar dano irreparável – quando haja, por exemplo, o perigo de dissipação dos bens penhoráveis –, não devem os solicitadores praticar actos executivos durante as férias judiciais.

III
AS CITAÇÕES

49. Em processo declarativo, frustrando-se a primeira citação por via postal, deve o solicitador de execução ser desde logo nomeado?

A citação por via postal é oficiosamente promovida pela secretaria do tribunal, mediante envio de carta registada com aviso de recepção, endereçada para a residência ou para o local de trabalho do citando – quando se trata de pessoa singular – ou, estando em causa pessoa colectiva, para a respectiva sede ou para o local onde funciona normalmente a administração (n.º 1 do art. 236.º). Frustrando-se esta primeira citação por via postal, deve a secretaria promover, também oficiosamente, as diligências adequadas à efectivação da citação, procedendo, nomeadamente, à rápida remoção das dificuldades que obstem à realização do acto (n.º 1 do art. 234.º) e à obtenção de todas as informações necessárias (através, nomeadamente, da consulta de bases de dados).

Novamente se frustrando a citação, a secretaria procede à nomeação de solicitador de execução, para que realize a citação por contacto pessoal (n.º 1 do art. 239.º). Esta citação é feita por funcionário judicial quando o autor declare, na petição inicial, que assim pretende (pagando a taxa fixada no Código das Custas Judiciais), ou quando não haja solicitador de execução inscrito em comarca do círculo judicial a que o tribunal pertence (art. 239.º, n.º 8).

50. Frustrando-se a citação postal na sede da pessoa colectiva, como se deve proceder?

De acordo com o art. 237.º, quando se não possa efectuar a citação por via postal registada na sede da pessoa colectiva ou no local onde funciona normalmente a administração, por aí não se encontrar nem o legal representante, nem qualquer empregado ao seu serviço, procede-se à citação do representante, mediante carta registada com aviso de recepção, remetida para a sua residência ou local de trabalho, nos termos do art. 236.º. Gorando-se esta citação postal, segue-se, então, a tramitação prevista nos arts. 239.º e 240.º (citação por contacto pessoal e citação com hora certa).

51. Quem são os solicitadores de execução competentes para a realização da citação por contacto pessoal em processo declarativo?

Os solicitadores de execução inscritos na comarca do tribunal onde corre a acção ou, quando os não haja, os inscritos em comarca do círculo desse tribunal (art. 239.º, n.º 8).

Em processo declarativo, a citação será efectuada mediante contacto pessoal do solicitador de execução com o citando, quando o autor declare – na petição inicial – que assim o pretende ou quando se frustre a citação por via postal (art. 239.º, n.ºs 1 e 7). O solicitador designado pode, sob sua responsabilidade, promover a citação por outro solicitador de execução ou por um seu empregado (art. 239, n.º 6). A citação só será feita por funcionário judicial quando o autor declare que assim o pretende, pagando para o efeito a taxa fixada no Código das Custas Judiciais, bem como quando não haja solicitador de execução inscrito em comarca do círculo judicial a que o tribunal pertence (art. 239.º, n.º 8).

Daqui se retira, nesta matéria, a regra de competência territorial dos solicitadores de execução, de acordo com a qual é competente para a realização da citação em processo declarativo o solicitador de execução inscrito em comarca do círculo judicial a que o tribunal onde corre a acção pertence, não relevando, pois, o domicílio do citando. Para o processo declarativo, não existe uma disposição paralela à do art. 808.º, n.º 5, onde se prevê que as diligências que impliquem deslocação para fora da área da comarca de execução e suas limítrofes (ou fora da área metropolitana de Lisboa ou Porto no caso de comarca nele integrada) sejam efectuadas, a solicitação do agente de execução, por agente de execução dessa área, salvo impossibilidade ou grave dificuldade.

III – As Citações

52. Deve o agente de execução efectuar as citações e notificações que devam ter lugar no âmbito de procedimentos incidentais de natureza declarativa?

Não, na exacta medida em que o art. 239.º não o exija. Ao agente de execução estão reservadas apenas as diligências do processo de execução (art. 808.º, n.º 1). As diligências de tramitação de apensos e de procedimentos incidentais de natureza declarativa, ainda que no âmbito de uma acção executiva, são da competência exclusiva da secretaria do tribunal.

53. Como são efectuadas as citações em processo executivo?

A regra é a da citação pessoal.

O art. 864.º, n.º 1, determina que a citação é efectuada nos termos gerais, remetendo para o art. 233.º. Assim, a citação pode ser pessoal ou edital. Só o executado pode ser citado editalmente (art. 864.º, n.º 1), o que acontecerá no caso de se encontrar ausente em parte incerta (art. 233, n.º 6).

A citação pessoal pode ser efectuada por entrega de carta registada com aviso de recepção (art. 233, n.º 1, a)) ou por contacto pessoal do agente de execução ou funcionário judicial com o citando (art. 233.º, n.º 1, b)). No entanto, o CPC estabelece como regra a precedência da citação por via postal, pelo que, em princípio, só resultando esta frustrada, terá lugar citação por contacto pessoal do agente de execução (art. 239.º). Pode, no entanto, o exequente requerer que a citação seja desde logo efectuada pelo agente de execução e não por via postal (art. 239, n.º 7), nada obstando a que, sendo, no caso concreto, mais célere, o agente de execução efectue, desde logo, a citação do executado por contacto pessoal.

A citação depende de despacho judicial quando se trate de citação prévia que não dispense despacho do juiz (art. 812.º), devendo, nos restantes casos, ser a secretaria a promover oficiosamente as diligências necessárias nesse sentido.

54. Em que situações é proferido despacho liminar de citação?

O despacho de citação tem lugar quando o processo deva prosseguir e:

– não seja dispensado o despacho liminar, nos termos do art. 812.º-A;

– seja necessário ouvir o devedor antes da produção da prova oferecida pelo exequente (arts. 812.º, n.º 6, e 804.º, n.º 2);
– haja requerimento deferido pelo juiz de execução;
– não haja dispensa da citação prévia, nos termos do art. 812.º--B.

55. **Em que situações há lugar a dispensa de citação prévia?**
   – Quando não há lugar a despacho liminar (art. 812.º-B, n.º 1).
   – Quando, havendo despacho liminar e mediante requerimento do exequente para dispensa de citação prévia – com fundamento em factos que justifiquem o receio de perda da garantia patrimonial do seu crédito –, o juiz conclua, pela produção de prova, que aquele receio é justificado (art. 812.º-B, n.ºs 2 e 3).
   – Quando do registo informático de execuções conste menção de frustração – total ou parcial – de acção executiva anteriormente proposta contra o executado (art. 812.º-B, n.º 3).
   – Quando é deferido requerimento superveniente do exequente, no sentido de dispensar a citação prévia, com fundamento em que a especial dificuldade na realização da citação põe em causa a garantia patrimonial do seu crédito (art. 812.º-B, n.º 4).

56. **Pode a citação ter lugar apenas depois de penhorados os bens necessários ao pagamento da dívida exequenda?**
   Por regra, não. Ressalvadas as situações de citação prévia, o executado é citado no acto da penhora ou, quando não esteja presente, no prazo de cinco dias contados da realização da última penhora, se várias tiverem lugar (art. 864.º, n.º 2; confira-se, também, a regra especial do n.º 4, para os casos de penhora de abonos, vencimentos ou salários). Daqui não decorre que ao agente de execução é permitida a citação do executado apenas depois de penhorados os bens necessários ao pagamento da dívida exequenda, uma vez que a realização de várias penhoras que o preceito refere pressupõe uma certa unidade temporal não confundível com os casos de reforço ou substituição da penhora previstos pelo n.º 3 do art. 864.º.
   Por outro lado e em abono desta interpretação, note-se, em primeiro lugar, que os prazos de oposição à execução e à penhora se contam a partir da data da citação (arts. 813.º e 863.º-B), razão pela qual a citação do executado não pode aguardar pela

penhora de todos os bens, sob pena de lhe serem retirados os meios de reacção no processo. Em segundo lugar, sublinhe-se que – ainda que se entenda que ao executado não citado está sempre assegurado um meio de reacção (nomeadamente, mediante dedução de oposição de terceiro) – não é processualmente admissível a contingência de ao tribunal serem dirigidas oposições a actos processuais dos quais não tem conhecimento. Por fim, atento o conteúdo do n.º 1 do art. 228.º, a citação é necessária ao processo para que nele possa o executado defender-se como parte que é.

57. **Qual o regime-regra das acções propostas contra devedor principal e devedor subsidiário?**
É um regime em que, primeiramente, a acção corre contra o devedor principal, como se fosse este o único demandado e só depois, perante a insuficiência dos seus bens, corre contra o devedor subsidiário. Assim, numa primeira fase, a tramitação da acção corre apenas contra o devedor principal. Excutidos os bens deste e verificando-se a sua insuficiência, segue a acção contra o devedor subsidiário, como se fosse devedor principal. Nesta segunda fase, em princípio, deu-se já a excussão de bens do devedor principal. No entanto, caso o devedor subsidiário tenha conhecimento de bens que pertençam ao devedor principal, pode indicar bens penhoráveis deste último (art. 828.º, n.º 6).

58. **Em que momento tem lugar a citação do devedor subsidiário, quando a acção é proposta contra devedor principal e subsidiário?**
A regra é a de que, nesta situação, o devedor subsidiário é citado depois da excussão dos bens do devedor principal. Só terá lugar antes desta no caso de o exequente o requerer. Deste modo, a lei atribui ao devedor a escolha do *modus operandi* da responsabilidade subsidiária – é o exequente que escolhe o momento processual em que o executado subsidiário é citado.

59. **Em que casos é a citação do devedor subsidiário anterior à excussão?**
A citação é prévia à excussão quando o exequente assim o requeira. O mero preenchimento do anexo C3 não significa que se esteja a propor acção contra ambos – devedor principal e

devedor subsidiário, podendo a acção ser proposta apenas contra um deles.

Nesta situação, recai sobre o devedor subsidiário o ónus de invocar o benefício da excussão, no prazo da oposição à execução – 20 dias a contar da citação (art. 813.º).

60. Quais os meios de defesa do devedor subsidiário, quando o exequente prova e alega o benefício da excussão prévia, sendo citado antes da penhora dos seus bens?

O devedor subsidiário, nesta fase da tramitação, não pode recorrer aos meios tradicionais de defesa da acção executiva – oposição à execução e oposição à penhora – por falta de fundamento para a oposição à execução e porque a penhora ainda não foi realizada.

Assim, tem o executado duas possibilidades:
– esperar pela penhora dos seus bens para deduzir oposição à penhora; ou
– alegar o fundamento de oposição em requerimento, reafirmando essa impugnação depois da penhora, através da oposição (art. 863.º, n.º 1, a)).

61. Qual o prazo de que o agente de execução dispõe para proceder à citação por contacto pessoal do executado?

A lei não determina um prazo para a citação. O executado pode ser citado antes ou depois da penhora, conforme as normas aplicáveis. Se não se der o caso de citação prévia à penhora, a lei diz que, sempre que o executado esteja presente, este deve ser citado no próprio acto da penhora (art. 864.º, n.º 2); não estando ele presente, deve sê-lo no prazo de cinco dias contados da realização da última penhora (art. 864.º, n.º 1).

Em qualquer das situações, quando tenham passado 30 dias desde a notificação do agente de execução para a realização da citação sem que esta tenha sido efectuada, o agente de execução pode notificar o exequente, comunicando-lhe as diligências que foram realizadas e os motivos que levaram à impossibilidade de levar a cabo a citação pessoal do executado durante esse período. Na impossibilidade de efectuá-la, por o executado se encontrar ausente em parte incerta, tem lugar a citação edital (art. 244.º), promovida pelo agente de execução, após despacho judicial. Porém, o exequente pode requerer, supervenientemente, a dispensa de citação prévia, caso a demora do acto de citação seja justificativa do receio da perder de garantia patrimonial do seu crédito (art. 812.º-B, n.º 4).

62. **Que documentos devem ser entregues ao executado no acto de citação?**
    Devem ser entregues ao citando os elementos exigidos pelo art. 235.º: duplicado do requerimento executivo e da cópia dos documentos que a acompanhem; deve ainda ser-lhe comunicado que fica citado para a acção a que o duplicado se refere e indicado o tribunal, vara, juízo e secção, no caso de ter existido distribuição.
    No caso de a citação ser posterior ao acto de penhora, deve também ser entregue ao executado cópia do auto de penhora (art. 864.º, n.º 5).
    O agente de execução deve sempre juntar aos autos o documento comprovativo de citação.

63. **Cabe ao agente de execução notificar o citando, advertindo-o de que a citação foi efectuada em pessoa diversa?**
    Não. O art. 241.º determina expressamente que cabe à secretaria enviar carta registada ao citando, comunicando-lhe em que data e por que modo se considera efectuada a citação.

64. **O agente de execução dirige-se ao local de penhora dos bens. Aí não encontra quaisquer bens, mas encontra o executado. Deve citá-lo?**
    Sim. Apesar de não serem encontrados no local bens a penhorar, nada justifica que, apresentando-se o agente de execução para penhorar bens móveis, eventualmente acompanhado da força pública, ou até mesmo após arrombamento, encontrando no local o executado, este não seja citado. Caso posteriormente venham a ser localizados bens penhoráveis, o agente de execução notifica o executado da efectivação da penhora.

65. **Havendo pluralidade de executados e tendo o agente de execução penhorado bens de valor suficiente para pagamento da quantia exequenda a um único executado, deve, depois desta penhora, proceder à citação de todos os executados? Mesmo daqueles que não viram os seus bens afectados?**

Sim. Na situação descrita, não terá existido citação prévia à penhora, pelo que todos os executados devem ser citados, independentemente dos bens abrangidos pela mesma (alínea b) do n.º 3 do art. 864.º).

O objectivo da citação do(s) executado(s) é dar-lhe(s) conhecimento de que a acção foi proposta contra ele(s) e chamá-lo(s) ao processo, a fim de se defender(em). É por isso que, havendo lugar a citação prévia, é o acto de citação posterior à penhora substituído por notificação (art. 864, n.º 7); neste caso, tendo já sido dado conhecimento da execução a todos os executados, a notificação da penhora pode ser feita apenas aos proprietários dos bens penhorados.

Deste modo, e de acordo com a letra do art. 864.º, n.º 1, quando sejam vários os executados, todos devem ser citados, independentemente de terem sido penhorados bens de todos eles. A todos é atribuído direito de defesa, nomeadamente, através da dedução de oposição à execução. Ora, para que este direito possa ser exercido, a todos tem de ser dado conhecimento de que foi proposta uma acção, de qual o respectivo pedido e fundamentação e de quais os prazos de que dispõe para cumprir a obrigação voluntariamente ou para contestar a acção.

66. **O exequente acompanha o agente de execução na penhora de bens e, no local, executado e exequente chegam a acordo de pagamento a prestações, penhorando, o agente de execução, os bens para assegurar a quantia exequenda e mencionando o acordo no próprio auto de penhora. Deve o agente de execução, nesta situação, proceder à citação dos credores?**
Sim. O art. 882.º prevê a admissibilidade do pagamento da dívida em prestações, desde que, de comum acordo, executado e exequente requeiram a suspensão da instância executiva. No entanto, tratando-se de dívidas em que pode estar em causa o interesse público, não há dispensa da citação dos credores que sejam titulares de direito real de garantia, registado ou reconhecido, para reclamarem os seus créditos.
Perante uma situação como a descrita, o solicitador de execução pode optar por não fazer a penhora (cfr. pergunta 90).

67. **Quais os efeitos da falta de citação do cônjuge do executado?**
A falta de citação de qualquer das entidades previstas no n.º 3

do art. 864.º, nomeadamente do cônjuge do executado, produz os mesmos efeitos que a falta de citação do réu (art. 864.º, n.º 10). Assim, a omissão deste acto determina a anulação dos actos subsequentes (arts. 195.º e 201.º, n.º 1), mas é uma nulidade que produz efeitos apenas quando seja arguida pelo interessado (arts. 202.º, *a contrario,* e 203.º).

Apesar deste regime, não há lugar à anulação de vendas, adjudicações, remições ou pagamentos que já efectuados (art. 864.º, n.º 10), ficando salvaguardada a situação do cônjuge do executado pela atribuição do direito a ser ressarcido pelos prejuízos sofridos em virtude da omissão deste acto (art. 864.º, n.º 10).

68. Que entidades devem ser citadas, nos termos da alínea c) do art. 864.º?

As entidades visadas são as referidas no art. 80.º do CPPT, isto é, os chefes dos serviços periféricos locais (vulgarmente conhecidos por repartições de finanças) da área do domicílio fiscal ou da sede do executado, dos seus estabelecimentos comerciais e industriais e da localização dos bens penhorados.

69. A quem e quando deve ser dado conhecimento da reclamação de créditos?

Findo o prazo para a reclamação, procede-se à notificação do executado, do exequente e dos demais credores reclamantes, sendo o caso (art. 866.º, n.º 1), com vista à respectiva impugnação.

70. No que à citação respeita, qual o regime aplicável à execução para entrega de coisa certa (art. 928.º)?

Na execução para entrega de coisa certa, a citação tem sempre lugar. É o que decorre da interpretação do art. 928.º, bem como da determinação da *ratio* do procedimento. Com efeito, a execução para entrega de coisa certa visa, precisamente, a tradição de uma coisa determinada: é assim que o exequente pede ao tribunal, no requerimento executivo, que ordene a citação do executado para que este entregue voluntariamente o bem (dispondo do prazo de 20 dias). Apenas se procederá à respectiva entrega por via coerciva e mediante apreensão quando o executado não o faça voluntariamente. Tudo isto pressupõe que se dê prévio conhecimento do início do procedimento ao executado. Por se pretender, com esta execução, uma prestação de *dare* (mais do que a penhora dos bens do executado), a citação do executado deve, necessariamente, ter lugar.

71. **Pode o solicitador de execução desempenhar as tarefas atribuídas ao** *funcionário encarregado de executar o mandado* **de despejo, nos termos do art. 59.º do Regime do Arrendamento Urbano?**

    Sim. A execução da sentença de despejo, habitualmente processada por apenso, deve ser entendida como um autêntico processo de execução para entrega de coisa certa. Embora siga uma tramitação diferenciada (arts. 59.º a 61.º do RAU), nada impede – dada a criação da figura do agente de execução e dadas as competências que lhe foram atribuídas com a reforma da acção executiva – que seja o solicitador de execução a desempenhar as funções no âmbito desde processo executivo especial.

    Quando se trate de contrato de duração limitada, a execução de sentença de despejo segue a forma da execução para entrega de coisa certa, por remissão do n.º 2 do art. 101.º do RAU.

IV
PENHORA

72. A quem compete a realização de providências cautelares?
A realização das diligências de execução da providência cabe a funcionário judicial designado pelo tribunal, após despacho judicial a decretá-la.
A reforma nada alterou neste âmbito, sendo que a remissão para as regras da penhora, nomeadamente, no que respeita ao arresto, é feita, apenas, relativamente aos actos de execução da diligência.

73. A quem cabe a conversão de arresto em penhora?
É ao agente de execução que cabe esta função, o que resulta da competência genérica que lhe é atribuída para a realização de todas as diligências do processo executivo (art. 808.º), assim como da sua não inclusão no âmbito de competências especificamente atribuídas ao juiz de execução (art. 809.º).

74. Quando se considera efectuado o arresto de bens imóveis?
O arresto de bens imóveis só se considera efectuado com o registo.

75. Quando tem lugar a consulta do registo informático de execuções a que se reporta o art. 832.º?
Em princípio, o agente de execução deve consultar o registo informático de execuções no momento que antecede a realização da penhora (art. 832.º, n.º 1).
Assim, quando a lei dispense o despacho liminar e a citação prévia do executado (arts. 812.º, 812.º-A e 812.º-B), a consulta tem lugar imediatamente após a recepção do requerimento executivo.

Nos restantes casos, o agente de execução só realiza a consulta depois de notificado pela secretaria e:
– após o despacho que dispense a citação prévia do executado, requerida pelo exequente (art. 812.º-B, n.º 2);
– quando, terminado o prazo para a oposição à execução, esta não tiver lugar ou não suspender a execução por o executado oponente não ter requerido a prestação de caução (arts. 812.º, n.º 6, e 818.º, n.º 1);
– após o despacho do juiz que indefira a suspensão da execução com base na não genuinidade do documento particular (art. 818.º, n.º 1);
– após a decisão que julgue improcedente a oposição deduzida, quando o recebimento desta suspenda a execução.

A consulta pode, ainda, ser feita antes de proposta a execução para averiguar da sua viabilidade (art. 807.º, n.º 3, b) e c)) ou para o efeito da parte final do n.º 3 do art. 812.º-B (isto é, para aferir da dispensabilidade de citação prévia).

76. **Por que meio pode o solicitador de execução efectuar a consulta do regime informático de execuções prevista no art. 832.º?**
Nos termos do Despacho n.º 7194/2004, de 25 de Março de 2004, do senhor Director-Geral da Administração da Justiça, está o agente de execução dispensado do requerimento escrito para a consulta prévia a que alude o n.º 2 do art. 832.º. Assim, a consulta pode ser efectuada por meio telemático ou mediante comunicação, por outros meios, da secretaria ao solicitador.

77. **A presunção do valor das despesas previsíveis da execução, prevista pelo n.º 3 do art. 821.º, é ilidível? Pode o agente de execução penhorar um bem de valor superior ao das percentagens que integram essa presunção?**
Sim, trata-se de uma presunção legal ilidível mediante prova em contrário (art. 350.º, n.º 2, do CC). Assim, se o agente de execução estiver em condições de demonstrar que o valor que o preceito presume é inferior ao valor da dívida exequenda e das despesas previsíveis, pode penhorar os bens necessários para o seu pagamento nessa exacta medida (art. 834.º). Deve o agente de execução fazer constar do auto de penhora a discriminação do valor das despesas.

78. **Em que se traduz o regime da penhorabilidade parcial previsto pelo art. 824.º?**

Em primeiro lugar, são impenhoráveis dois terços dos vencimentos, salários ou prestações de natureza semelhante, auferidos pelo executado, na medida em que:
– não excedam o montante equivalente a três salários mínimos nacionais à data de cada apreensão (sendo penhorável o valor em excesso);
– quando o executado não tenha outro rendimento e o crédito exequendo não seja de alimentos, não sejam inferiores ao montante equivalente a um salário mínimo nacional (sendo penhorável, então, apenas o que está para além deste valor).

Idênticas limitações valem para as prestações periódicas pagas a título de aposentação ou de outra regalia social, seguro, indemnização por acidente ou renda vitalícia, ou de quaisquer outras pensões de natureza semelhante. Tal é o que decorre dos n.ºs 1 e 2 do art. 824.º.

Em segundo lugar, é também impenhorável o valor global correspondente a um salário mínimo nacional, quando se trate de penhora de dinheiro ou de saldo bancário de conta à ordem (art. 824.º, n.º 3). Veja-se a resposta à pergunta 116.

Em terceiro lugar, a parte penhorável pode ser, excepcionalmente, reduzida ou suprimida, depois de ponderados judicialmente o montante e a natureza do crédito exequendo e as necessidades do executado e do seu agregado familiar (art. 824.º, n.º 4).

O limite mínimo decorrente do n.º 2 e o limite decorrente do n.º 3 – ambos do art. 824.º – podem ser afastados judicialmente, a requerimento do exequente, depois de ponderados o montante e a natureza do crédito exequendo e as necessidades do executado, bem como o estilo de vida e as necessidades do executado e do seu agregado familiar, salvo quando se trate pensão ou regalia social.

Todos os preceitos do art. 824.º aplicam-se apenas aos bens de pessoas singulares.

79. **Qual o âmbito de aplicação do art. 828.º (penhorabilidade subsidiária) do CPC?**

Incluem-se no âmbito desta norma todos os casos em que existe um património ou conjunto de bens que responde depois de outro, quer estes patrimónios pertençam a um mesmo sujeito, quer a sujeitos diferentes.

Estão abrangidos pela previsão do preceito dois casos de subsidiariedade: a real e a pessoal.

A subsidiariedade real verifica-se quando o exequente apenas tem de provar a insuficiência manifesta dos bens que devem responder em primeiro lugar pelo pagamento da dívida, para que sejam penhorados os bens que respondem subsidiariamente por ela (art. 828.º, n.º 7). Exemplo desta situação é a de bens de terceiro onerados com garantia real.

Existe subsidiariedade pessoal quando se exige a excussão dos bens do devedor principal antes da penhora dos bens do devedor subsidiário (art. 828.º, n.ºs 1 a 6). Exemplo típico desta situação é a do fiador.

80. **Qual o regime da subsidiariedade pessoal, quando a acção executiva é proposta, conjuntamente, contra devedor principal e devedor subsidiário?**

Esta é a situação prevista no n.º 1 do art. 828.º, havendo, no entanto, que distinguir consoante exista ou não citação do executado, antes da excussão dos bens do devedor principal.

Caso a citação seja prévia à excussão e provando-se a renúncia ao benefício, a penhora dos bens do devedor subsidiário é efectuada antes da excussão e:

– há citação antes da penhora, nos casos previstos no art. 812.º; ou

– há citação depois da penhora:
  a) caso se prove o receio de perda da garantia patrimonial relativamente ao devedor subsidiário; ou,
  b) no caso de o título integrar uma das categorias previstas no art. 812.º-A.

Sendo a citação prévia à excussão, mas sendo a penhora dos bens do devedor subsidiário posterior à excussão, a citação do devedor subsidiário tem lugar no mesmo momento da citação do devedor principal, antes ou depois da penhora dos bens deste, dependendo das normas aplicáveis a este executado.

Caso o devedor subsidiário seja citado depois da excussão, em regra, a citação é anterior à penhora dos seus bens.

No entanto, se o título se integrar numa das categorias previstas no art. 812.º-A, ou provando o receio de perda de garantia patrimonial quanto ao devedor subsidiário (art. 812.º-B), a citação do devedor subsidiário é posterior à penhora dos seus bens.

81. **O que deve o agente de execução fazer quando o devedor subsidiário alega, em requerimento, que não renunciou ao benefício da excussão?**
    O agente de execução deve esperar pela decisão do juiz antes de penhorar qualquer bem do devedor subsidiário. Pode, entretanto, seguir com a penhora de bens do devedor principal.

82. **Qual o regime da subsidiariedade pessoal, quando a acção executiva é proposta apenas contra o devedor principal?**
    Nesta situação, a tramitação corresponde ao regime-regra, com dispensa, ou não, do despacho liminar e de citação prévia (arts. 812.º, 812.º-A e 812.º-B).

83. **Qual o regime da subsidiariedade real?**
    Nestes casos, basta ao exequente provar a insuficiência manifesta dos bens que devem responder em primeiro lugar pela dívida, para que se possa penhorar bens que só subsidiariamente respondem (art. 828.º, n.º 7).
    Sendo vários os titulares dos bens que respondem pelo pagamento da dívida, serão aplicáveis as regras da subsidiariedade pessoal, devidamente adaptadas.

84. **Em que situações depende a penhora de despacho judicial?**
    Apenas quando esteja em causa a protecção de direitos fundamentais ou de sigilo. Tal é o que sucede com a penhora de casa habitada ou de bem móvel nela existente, cabendo ao juiz ordenar a requisição de força pública (arts. 840, n.º 2 e 3, 848.º, n.º 3, 850, n.º 1); com a penhora de depósito bancário (art. 861.º-A, n.º 1); e com a penhora de valores mobiliários, escriturais ou titulados, integrados em sistema centralizado, registados ou depositados em intermediário financeiro ou registados junto do respectivo emitente.

85. **Pode a informação relativa a bens do executado que conste das bases de dados ser consultada sem necessidade de despacho judicial?**
Sim, salvo quando se trate de informação protegida pelo sigilo fiscal ou por outro regime de confidencialidade, caso em que a consulta dependerá de despacho judicial de autorização (art. 833.º, n.º 3). Sendo a realização da penhora precedida, sempre que necessário, da consulta das bases de dados da segurança social, das conservatórias do registo e de outros registos ou arquivos semelhantes, a informação não abrangida por aqueles regimes pode ser livremente consultada pelo solicitador de execução (art. 833.º, n.º 3, *a contrario*, e art. 833.º, n.ºs 1 e 2).

86. **Quando seja ou se torne manifesta a insuficiência dos bens penhorados, pode o agente de execução realizar a penhora de outros bens?**
Sim. A penhora pode ser reforçada ou substituída quando for ou se tornar manifesta a insuficiência dos bens penhorados (art. 834.º, n.º 3, b)). Esta nova penhora pode ser feita por iniciativa do solicitador de execução, ou seja, sem qualquer despacho judicial.

87. **Pode a penhora ser levantada por despacho judicial?**
Sim. Uma vez efectuada a penhora, esta subsistirá até à venda do bem penhorado. No entanto, pode a penhora extinguir-se por outras causas, nomeadamente por levantamento levado a cabo pelo solicitador de execução (cfr. pergunta 88) ou por despacho judicial.
Este último caso – levantamento por despacho judicial – tem lugar:
   – quando ocorra uma causa de extinção da execução diferente do pagamento posterior à venda executiva;
   – quando seja julgada procedente a oposição à penhora;
   – quando o exequente desista de penhora, nos casos em que lhe é permitido substituir o bem penhorado (alíneas b) a e) do n.º 3 do art. 834.º);
   – quando o exequente desista de penhora na sequência de acordo de pagamento em prestações, sem que outro credor a mantenha (art. 885.º);

– quando a execução estiver parada durante seis meses por negligência do exequente e o executado requerer o seu levantamento (art. 847.º);
– quando ocorra o desaparecimento do bem penhorado.

88. **Quando a penhora se mostre excessiva, a quem cabe o seu levantamento?**
Ao agente de execução, primeiramente. Tal conclusão resulta da conjugação dos preceitos que dispõem sobre a sua competência (art. 808.º, n.º 1), sobre a competência genérica do juiz de execução (art. 809.º), sobre o princípio da adequação ao valor da obrigação exequenda a que a penhora está sujeita (art. 821.º, n.º 3), sobre a ordem de realização da penhora (art. 834.º, n.º 1) e sobre a possibilidade de substituição ou reforço da mesma (art. 834.º, n.º 3). Assim, quando hajam sido penhorados mais bens do que os necessários para o pagamento da dívida exequenda e das despesas previsíveis, cabe ao agente de execução o levantamento da penhora na exacta medida em que a mesma se revele desnecessária.
Sendo a questão suscitada pelo executado, em sede de incidente de oposição à penhora (art. 863.º-A, n.º 1, a)), cabe ao juiz de execução julgar a procedência da mesma (art. 809.º, n.º 1, b)). A procedência da oposição à penhora determina o levantamento desta (art. 863.º-B, n.º 4), a realizar pelo agente de execução.

89. **Se, no acto de realização da penhora, o executado pretender pagar, mantendo, no entanto, o direito de oposição, o montante entregue considerar-se-á penhorado, lavrando-se auto de penhora nesse sentido?**
Não. Se o executado pagar, não é o montante entregue penhorado, mas, antes, aplicado na liquidação da dívida exequenda e no pagamento das despesas da execução.
Em qualquer altura do processo pode o executado fazer cessar a execução, mediante requerimento de guias para depósito e consequente liquidação da dívida; esse pagamento pode, também, ser feito mediante entrega directa ao agente de execução (art. 916.º, n.ᵒˢ 1 a 3).
Quando, com o pagamento, o objectivo visado pelo executado seja, não a liquidação da dívida, mas, antes, evitar que certos bens fiquem penhorados, o executado pode:

– requerer, no prazo de oposição à penhora, a substituição dos bens penhorados por dinheiro, desde que esta quantia assegure igualmente os fins da execução e o exequente a tal não se oponha fundadamente (art. 834.º, n.º 3, a)); ou
– opondo-se à execução, requerer, neste acto, a substituição da penhora por caução idónea que assegure, nos mesmos termos, os fins da execução (art. 834.º, n.º 5); ou
– opor-se à penhora, fundamentadamente e nos termos ao art. 863.º-A, n.º 1, caso em que execução é suspensa mediante o pagamento de caução (art. 863.º-B, n.º 3); neste caso, pode o exequente reforçar ou substituir a penhora (art. 834.º, n.º 3, d)).

90. Se, confrontado com a penhora, o executado pretender pagar a dívida exequenda pode o agente de execução não levar a cabo aquela diligência?
Sim. Quando a penhora ainda não tenha sido realizada, o agente de execução pode aceitar o pagamento por parte do executado, havendo, em todo o caso, que proceder à sua citação. Tal é o que decorre de o executado poder, em qualquer fase do processo (nomeadamente, antes da penhora), requerer o pagamento voluntário da dívida, facto que determina a suspensão da instância (art. 919.º, n.ºs 1 e 2) – cfr. pergunta 66.

91. Deve a secretaria notificar o agente de execução para proceder à apresentação dos relatórios de frustração da penhora?
Não. O acto previsto no art. 837.º – elaboração de relatório com a discriminação de todas as diligências efectuadas e do motivo da frustração da penhora – é um acto da iniciativa do agente de execução, não carecendo de prévia notificação por parte da secretaria para ser levado a cabo. Tratando-se de um relatório em que o interesse é do exequente, pode este, sempre que o entender e tendo o prazo decorrido, pedi-lo ao solicitador de execução. Neste caso, deve o solicitador de execução notificar o tribunal do relatório.

92. Que consequências advêm da não apresentação dos relatórios de frustração da penhora pelo solicitador de execução?
Com este relatório, o agente de execução informa o exequente das diligências efectuadas e do motivo da frustração da penhora.

Por um lado, é dado a conhecer ao exequente o andamento do processo; por outro, este conhecimento permite-lhe colaborar com o agente de execução na realização da penhora de bens susceptíveis de responder pela dívida exequenda.

É dever do solicitador de execução a prática diligente dos actos processuais de que seja incumbido ou a que esteja obrigado, com observância escrupulosa dos prazos legais (art. 123.º, a), do Estatuto). A sua violação constitui infracção disciplinar a ser apreciada em processo próprio contra o solicitador de execução, a quem pode ser aplicada uma pena disciplinar (arts. 133.º, n.º 1, e 142.º do Estatuto). Pode o processo disciplinar ser instaurado com base em queixa, denúncia ou participação do exequente, interessado que é no conhecimento do estado do processo e na realização das diligências de penhora (arts. 138.º e 139.º do Estatuto).

As consequências são, assim, meramente disciplinares e não processuais.

93. Em que momento deve a conta provisória do processo ser elaborada?

Nos termos do n.º 2 do art. 51.º do Código das Custas Judiciais, devem ser contados:

– os processos suspensos, se o juiz o determinar;
– os processos parados por mais de cinco meses por facto imputável às partes;
– as execuções que devam ser remetidas para apensação ao processo de insolvência.

O prazo de cinco meses é contado a partir de um dos prazos indicados no n.º 1 do art. 837.º, isto é: 30 dias contados das notificações referidas no n.º 1 do art. 832.º; ou 10 dias quando tenha sido o exequente a indicar os bens a penhorar, nos termos do n.º 4 do art. 833.º.

Decorridos estes prazos sem que tenha havido a penhora de bens suficientes, pode o exequente pedir o relatório com a discriminação de todas as diligências efectuadas e do motivo da frustração da penhora (art. 837.º).

Do decurso destes prazos depende o de remessa do processo à secção para elaboração de conta provisória, quando o processo esteja parado por mais de cinco meses, tal como acima indicado.

Sendo certo que o processo pode não estar parado – já que o agente de execução apenas deve dar conhecimento ao processo da realização dos actos executivos propriamente ditos –, deve entender-se que o início da contagem daquele prazo de cinco meses tem lugar quando findo um dos prazos a que alude o n.º 1 do art. 837.º, uma vez que data do seu fim a possibilidade de o exequente exigir ao agente de execução o relatório de frustração da penhora. É, pois, a partir deste momento que, apenas para o efeito de elaboração da conta provisória, se considera que o processo está parado (ou sem movimento na secretaria) – ainda que o não esteja de facto, já que o agente de execução pode desenvolver diligências várias sem que delas dê conhecimento ao processo (bastando, aliás, que dê conhecimento ao exequente que, por essa razão, pode dispensar o relatório). Note-se que a elaboração da conta provisória não determina a extinção da instância, que segue o regime previsto nos arts. 285.º e seguintes. Assim, a instância interrompe-se quando o processo estiver parado mais de um ano por negligência das partes em promover os seus termos ou os de algum incidente do qual dependa o seu andamento (art. 285.º), só se extinguindo por deserção quando estiver interrompida durante dois anos (art. 291.º, n.º 1).

94. A partir de que momento é que a penhora de bens imóveis produz efeitos?
A penhora de bens imóveis consiste na própria comunicação que é feita pelo agente de execução, confundindo-se este acto com o de apresentação registal. Assim, a penhora produz efeitos com o registo, mas os efeitos deste retroagem à data da respectiva apresentação (art. 77.º, Código do Registo Predial).
A penhora de imóveis realiza-se por comunicação à conservatória do Registo Predial competente, valendo a comunicação como fundamento para o registo oficioso da penhora, com carácter de urgência e implicando a imediata feitura das inscrições pendentes (arts. 838.º, CPC e 48.º, n.º 1, Código do Registo Predial). Esta comunicação é feita por via electrónica ou nos termos gerais das apresentações registais, o que acarreta o pagamento imediato do respectivo preparo (art. 151.º, do Código do Registo Predial).

95. Por quem deve ser lavrado o auto de penhora de bem imóvel?
O auto de penhora é sempre lavrado pelo agente de execução que realiza o acto. A lei é expressa neste sentido (n.º 3 do art. 838.º), sendo, igualmente, o que decorre da atribuição legal de competência genérica para a realização de todas as diligências do processo (art. 808.º), na qual se integra a competência para a realização da penhora.
É também este o regime a seguir quando o acto de penhora requer a intervenção de autoridade policial; o acto é praticado pelo agente de execução, destinando-se a intervenção policial a auxiliar ou possibilitar a prática do acto. Exemplo desta situação é o caso em que se verifica que as portas do imóvel estão fechadas ou que pode ser oposta alguma resistência por parte do executado. Aqui, a lei prevê, no n.º 2 do art. 840.º, o arrombamento das portas – quando seja necessário –, determinando que se lavre auto da ocorrência, isto é, do arrombamento. Só o auto desta ocorrência cabe à autoridade policial que lhe dá origem. A competência para lavrar auto de penhora permanece com o agente de execução.

96. Pode o executado recusar ser o depositário legal do imóvel penhorado, quando este seja a sua casa de habitação?
Não. Sendo penhorada a casa de habitação do executado, é este o seu depositário legal (art. 839.º, n.º 1, a)). Trata-se de um dever decorrente da lei.

97. Se, ao registar a penhora de imóvel (ou de bem móvel sujeito a registo), se constatar que o bem se encontra inscrito a favor de pessoa diversa do executado, qual o procedimento a adoptar na citação do titular inscrito?
A citação do titular a favor de quem o bem se encontra registado deve ser efectuada oficiosamente pelo agente de execução. É o que decorre da conjugação do n.º 1 do art. 808.º com os n.ºs 2 e 3 do art. 109.º do Código do Registo Predial.

98. Em que momento tem lugar a citação referida na questão anterior?
A citação do titular inscrito deve ser efectuada nos termos do regime estabelecido pelo art. 864.º. Não obstante o facto de a lei nada referir a este respeito, é defensável um alargamento do

âmbito de aplicação do preceito às situações em que é necessário chamar à demanda outros interessados não abrangidos pela sua letra. Na situação em apreço, as dúvidas decorrentes da presunção dotada de fé pública registal tornam necessária a comunicação do acto de penhora ao titular inscrito. Ora, perante o silêncio da lei neste âmbito e atendendo ao *modus operandi* estabelecido na lei para a realização da penhora de imóveis e bens móveis sujeitos a registo – n.º 1 dos arts. 838.º e 851.º –, parece que o mais adequado será aplicar as regras gerais, constantes do art. 864.º: a citação do titular inscrito deve ter lugar no momento da penhora, estando ele presente, ou, não sendo este o caso, no prazo de cinco dias contados da realização da última penhora.

99. Quando o bem a penhorar se encontra registado em nome de pessoa diferente do executado, deve o agente de execução indagar o exequente sobre a manutenção da penhora?
Não. A penhora persistirá, a menos que a questão seja levantada pelo agente de execução, pelo executado – em sede de oposição –, pelo próprio exequente ou por terceiros intervenientes no processo. No entanto, nada na lei leva a considerar que o agente de execução deve comunicar ao exequente a identidade da pessoa a favor de quem se encontra registado o bem em causa, colocando na sua disponibilidade a prossecução ou não da penhora do bem. A este respeito, a lei prevê, única e exclusivamente, a possibilidade de qualquer um dos intervenientes processuais mencionados colocar a questão perante o juiz de execução (alínea d) do n.º 1 do art. 809.º) e de este decidir pela não prossecução da mesma (n.º 4 do art. 838.º).

100. A penhora é realizada sempre com a intervenção da autoridade policial?
Não. A regra é a de que o agente de execução realiza as diligências de penhora sem a intervenção da autoridade policial (art. 808.º, n.º 1).
O agente de execução pode requerer a intervenção da autoridade policial quando as portas do imóvel penhorado se encontrem fechadas, seja oposta alguma resistência à posse efectiva do imóvel, ou quando haja justificado receio de que tal se verifique (art. 840.º, n.º 2); e quando para a realização da penhora de

bem móvel seja necessário forçar a entrada no domicílio do executado ou de terceiro, ou quando haja receio justificado de que tal se verifique (art. 848.º, n.º 3). O agente de execução pode, ainda, requerer a intervenção da autoridade policial no âmbito da realização da penhora de veículo automóvel (cfr. questões 107 e 111).

101. A requisição do auxílio da força pública para o acto de penhora deve ser fundamentada? Em que termos?
Sim. O agente de execução requererá ao juiz que determine a requisição do auxílio da força pública quando as portas do imóvel estejam fechadas ou seja oposta alguma resistência ou, ainda, quando haja o receio justificado de que tal se verifique, receio que deverá ser fundamentado (art. 840.º, n.º 2). O mesmo vale quando, para a realização da penhora de bem móvel, haja que forçar a entrada no domicílio do executado ou de terceiro (arts. 848.º, n.º 3 e 850.º, n.º 1).
A fundamentação não implica prova, pelo que o solicitador deve meramente relatar as razões do seu pedido.

102. Na penhora de bens móveis, pode o fiel depositário ser um funcionário do exequente?
Por regra, não. O n.º 1 do art. 848.º determina que é o agente de execução responsável pela penhora quem assume, na penhora de bens móveis não sujeitos a registo, a qualidade de fiel depositário dos mesmos. Não obstante o facto de o exequente poder cooperar com o agente de execução na realização da penhora – facultando os meios necessários à apreensão dos bens (art. 848.º-A, n.º 1) –, pertence ao solicitador de execução a qualidade de fiel depositário.
No entanto, o depositário pode socorrer-se, na administração dos bens, de colaboradores, que actuam sob sua responsabilidade (art. 843.º, n.º 3). Deste modo, não se encontra vedada a possibilidade de recorrer a um funcionário do exequente para desempenhar estas funções. O que se verifica é que, sendo esse o caso, o funcionário actuará sob a responsabilidade do solicitador de execução que o nomeou, que assim responde, perante o processo, pelos bens penhorados.

103. Pode a penhora de veículo automóvel ser precedida de avaliação do seu valor pecuniário?
Sim, nos termos gerais do art. 834.º, que pressupõe a avaliação dos bens penhoráveis cujos valores pecuniários se afigurem de mais fácil realização e adequados ao crédito exequendo.

104. Como se processa a penhora de veículo automóvel (art. 851.º)?
O agente de execução realiza a penhora por comunicação à conservatória do registo automóvel competente (art. 838.º, n.º 1, por remissão do art. 851.º, n.º 1), mediante o preenchimento do impresso-modelo aprovado. Seguidamente, a conservatória do registo automóvel envia ao agente de execução o certificado do registo e a certidão dos ónus que incidam sobre o automóvel penhorado (art. 838.º, n.º 2). Nesta altura, o agente de execução lavra o auto de penhora (arts. 836.º e 838.º, n.º 3).
A penhora é, então, seguida de imobilização, com aposição dos respectivos selos (851.º, n.º 2). Se possível, os documentos do veículo são apreendidos pelo solicitador de execução ou, se necessário e mediante despacho judicial prévio, por qualquer autoridade administrativa ou policial (art. 851.º, n.º 2; arts. 15.º a 17.º do DL n.º 54/75, de 12 de Fevereiro).
Sendo necessário ou conveniente (na falta de oposição à penhora), o veículo é removido do local em que se encontra, pelo agente de execução ou, se necessário e mediante despacho judicial, por qualquer autoridade administrativa ou policial (art. 851.º, n.º 2; arts. 15.º a 17.º do DL n.º 54/75, de 12 de Fevereiro).
À apreensão do automóvel são, ainda, aplicáveis os arts. 848.º, n.ºs 1 e 3, 848.º-A e 850.º.
Ainda que não seja possível localizar o veículo, o agente de execução pode requerer ao juiz a sua apreensão por autoridades administrativas ou policiais.

105. O que acontece quando a penhora de veículo é comunicada à conservatória de registo automóvel não competente?
Fora da localidade sede da conservatória competente, os requerimentos para actos de registo podem ser entregues em qualquer conservatória de registo de automóveis ou, na sua falta, de registo predial, a fim de serem remetidos oficiosamente àquela. A repartição intermediária lavrará nota de apresentação do

requerimento recebido, fazendo dela constar a conservatória para onde vai ser enviado, e remetê-lo-á, com os demais documentos, dentro do prazo de dois dias, à conservatória competente (arts. 37.º, n.º 1, e 38.º do DL n.º 55/75, de 12 de Fevereiro).

106. **A penhora de veículo é anterior à apreensão dos documentos?**
Sim. A penhora de veículo opera com a sua comunicação à conservatória (art. 838.º, n.º 1, por remissão do art. 851.º, n.º 1). Uma vez realizada a penhora, seguir-se-lhe-á, quando possível, a apreensão dos respectivos documentos (art. 851.º, n.º 2).

107. **Pode o solicitador de execução proceder à apreensão dos documentos?**
Sim. O agente de execução pode, também, quando necessário, recorrer à intervenção das autoridades administrativas ou policiais nos termos prescritos na legislação especial para a apreensão de veículo automóvel requerida por credor hipotecário (art. 851.º, n.º 2, e arts. 15.º a 17.º do DL n.º 54/75, de 12 de Fevereiro).

108. **Na penhora de veículo automóvel, pode o agente de execução remover o veículo sem apreender os respectivos documentos?**
Sim. Não sendo possível a apreensão dos documentos e afigurando-se necessária – ou conveniente, na falta de oposição à penhora –, a remoção do veículo, o agente de execução pode removê-lo sem apreender os respectivos documentos (art. 851.º, n.º 2).

109. **Na penhora de veículo automóvel, quem apõe o selo no bem penhorado?**
O agente de execução (arts. 808.º, n.º 1 e 851.º, n.º 2).
Quando sejam as funções de agente de execução desempenhadas por oficial de justiça e exista, na comarca, secretaria de serviço externo, será um funcionário desta o responsável pela aposição do selo.

110. **Quem avalia a necessidade de remoção do veículo?**
O agente de execução, a quem cabe efectuar todas as diligências do processo de execução (art. 808.º, n.º 1).

111. Quando pretenda recorrer à intervenção das autoridades policiais, como deve o solicitador de execução proceder?

– Em primeiro lugar, o solicitador de execução deve requerer ao juiz do processo a autorização do recurso à autoridade policial.
– De seguida envia, por *fax*, um ofício-tipo, devidamente preenchido e identificado com a vinheta de solicitador de execução, acompanhado de cópia do despacho judicial que autoriza o recurso à autoridade policial.
– O envio do ofício é feito com a antecedência mínima de 3 dias úteis, salvo em casos de comprovada urgência;
– As autoridades competentes para a recepção dos ofícios são os Comandos dos Destacamentos Territoriais (GNR) e os Comandos de Polícia (PSP); na área metropolitana de Lisboa, são competentes, ainda, as Divisões Destacadas de Cascais, Loures, Amadora e Oeiras e as Esquadras Destacadas de Sintra, Torres Vedras e Vila Franca de Xira (PSP).
– Na ausência de resposta por parte da autoridade policial competente, o pedido considera-se tacitamente deferido;
– No dia da diligência, o solicitador de execução deve confirmar a sua realização, presencialmente ou por via telefónica e com a antecedência mínima de 30 minutos da realização da mesma; a não confirmação implicará a não realização de qualquer acção por parte da autoridade policial.
– Aquando da realização da diligência, o solicitador de execução entrega à autoridade policial o original dos documentos remetido por *fax*;
– Tratando-se de penhora de veículo automóvel, a apreensão dos documentos e/ou do veículo será feita na presença do solicitador de execução; no entanto, quando assim não acontecer, a autoridade policial que haja procedido à apreensão comunicará o facto ao solicitador de execução, a quem entregará de imediato os documentos e/ou o veículo;
– Quando os documentos e/ou veículo sejam apreendidos fora da área territorial de actuação do solicitador de execução, deve a apreensão ser comunicada ao solicitador de execução para que este actue em conformidade com o previsto no art. 808.º, n.º 5 (delegação da diligência em solicitador de execução territorialmente competente);

– Todas as despesas de remoção decorrentes da intervenção da autoridade policial são custeadas pelo solicitador de execução;
– Se se verificar a perda de interesse na realização da diligência, o solicitador de execução deve comunicá-la de imediato à autoridade policial.

112. **Devem as notificações a que se reporta o n.º 1 do art. 858.º realizar-se simultaneamente?**
A lei, nesta matéria, nada impõe. Quando o devedor negue a existência do crédito penhorado, exequente e executados são citados, pelo agente de execução, para se pronunciarem, no prazo de 10 dias, devendo o exequente declarar se mantém a penhora ou dela desiste (art. 858.º, n.º 1). A vantagem da simultaneidade da notificação deve ser apreciada pelo agente de execução. Há que garantir, contudo, que ao exequente é dada a possibilidade de novamente se pronunciar quando o seu prazo exequente termine antes do prazo do executado ou ao mesmo tempo que o deste.

113. **Havendo lugar à realização de penhora de rendimentos periódicos, pode o exequente requerer que lhe sejam sucessivamente entregues as quantias entretanto depositadas?**
Sim. O art. 861.º prevê a penhora de rendas, abonos, vencimentos, salários e outros rendimentos periódicos, a realizar-se mediante notificação da entidade (locatário, empregador ou outra) que os deva pagar para que faça, nas quantias devidas, o desconto correspondente ao crédito penhorado e proceda ao seu depósito em instituição de crédito (n.º 1). As quantias assim depositadas ficam à ordem do solicitador de execução ou, na sua falta, da secretaria e, nos termos do n.º 2, ficarão indisponíveis:
– até ao termo do prazo para a oposição do executado, caso este não se oponha; ou
– até ao trânsito em julgado da decisão que recaia sobre a oposição.

Findo o prazo de oposição (se esta não houver sido deduzida) ou julgada a oposição improcedente, o exequente pode, então e em qualquer momento, requerer ao agente de execução que lhe sejam entregues as quantias depositadas (que não garantam crédito reclamado) até ao valor da dívida exequenda, não tendo, assim, de aguardar pelo fim da execução para conseguir a satisfação do seu crédito, podendo haver sucessivos pagamentos parciais à medida que os depósitos sejam efectuados. Estando as quantias depositadas à sua ordem, é ao solicitador de execução ou ao oficial de justiça (quando depositadas à ordem da secretaria do tribunal) a quem cabe a atribuição das mesmas ao exequente (veja-se, aliás, os n.ºs 1 e 6 do art. 808.º, sobre a competência do agente de execução), depois de descontados:

– o montante relativo às despesas de execução (n.º 3 e art. 821.º, n.º 3); e

– o montante dos créditos reclamados que tenham garantia sobre os rendimentos em causa ou, feita a graduação, que devam ser pagos antes do do exequente.

Para proceder a estes pagamentos faseados, não é necessária, nos termos gerais do n.º 1 do art. 808.º e do art. 809.º, a intervenção do juiz do processo, tendo o agente de execução competência para a eles proceder.

114. O pedido de autorização de penhora de conta bancária carece de fundamentação?

Não. A necessidade de despacho judicial prévio (art. 861.º-A, n.º 1) prende-se, unicamente, com a exigência da garantia de reserva da intimidade da vida privada, não carecendo o pedido de autorização de qualquer fundamentação.

115. Em que acto processual é autorizada a penhora de depósitos bancários?

A autorização judicial prévia (art. 861.º-A, n.º 1) pode ser conferida no despacho liminar, nos termos do art. 812.º, n.º 1 (quando tenha havido indicação, para penhora, dos saldos de contas bancárias do executado, ainda que não identificadas no requerimento executivo – art. 810.º, n.ºs 3, d), e 5, c)), ou em despacho judicial posterior (no seguimento de requerimento autónomo do exequente ou do agente de execução).

116. Que valores são abrangidos pela penhora de depósitos bancários?

A penhora considera-se feita sobre o saldo existente no momento em que a mesma se realiza. Sendo vários os titulares do depósito, a penhora incide apenas sobre a quota-parte do executado na conta comum, presumindo-se as quotas iguais – esta presunção é ilidível pelo exequente ou pelo executado, sendo a prova apreciada pelo juiz (arts. 861.º-A, n.º 2, e 809.º, n.º 1, d)).

O saldo da conta ou das contas bancárias identificadas fica, desde a data de notificação, cativo. Nele se incluem os valores decorrentes de lançamentos anteriores, mas não creditados, à data da penhora, estando excluídos os valores decorrentes de movimentos cujas importâncias hajam sido efectivamente creditadas aos respectivos beneficiários em data anterior à penhora (art. 861.º-A, n.ᵒˢ 5 e 8).

Na penhora de dinheiro ou de saldo bancário de conta à ordem, é impenhorável o valor global correspondente a um salário mínimo nacional; havendo vários saldos com valor inferior ao do salário mínimo nacional, podem os mesmos ser penhorados desde que se assegure o valor global previsto no n.º 3 do art. 824.º.

Por outro lado, é impenhorável o depósito bancário resultante da satisfação de crédito impenhorável, nos mesmos termos em que o era o crédito originariamente existente (arts. 824.º-A e 824.º, n.ᵒˢ 1 e 2) – esta impenhorabilidade deve, nos termos gerais, ser alegada e provada pelo executado.

117. O que acontece quando, em sede de penhora de abonos, vencimentos ou salários, se conclua que o executado já não trabalha para a entidade patronal notificada (art. 864.º, n.º 4)?

A penhora tem-se por não realizada. O agente de execução pode voltar a efectuar todas as diligências que considere úteis à identificação ou localização de bens penhoráveis (art. 833.º, n.º 1). Os serviços de segurança social, as conservatórias do registo e de outros registos ou arquivos semelhantes deverão fornecer-lhe, no prazo de 10 dias, os elementos de que disponham neste âmbito (art. 833.º, n.º 2).

118. Após a realização da penhora sobre vencimento e uma vez citado o executado, pode o agente de execução comunicar à entidade patronal do executado a inutilidade da penhora do vencimento?

Sim. Apenas devem ser penhorados os bens necessários para o pagamento da dívida exequenda e das despesas previsíveis da execução (821.º, n.º 3). Caso o agente de execução conclua pela desnecessidade de penhora do vencimento do executado, deverá levantá-la, notificando a entidade patronal nesse sentido.

119. **Qual o regime de penhora aplicável aos direitos que têm por objecto coisas incorpóreas e que não se encontram expressamente previstos?**
O regime de penhora destes direitos deverá ter em conta a protecção dos interesses legítimos do executado e da eventual contraparte, a impossibilidade de apreensão física, o eventual registo e a respectiva estrutura.
Assim, se o direito tiver estrutura não relacional (direito patrimonial de autor, direitos sobre programas de computador, direitos da propriedade industrial), a penhora será feita por simples notificação ao executado. Quando estejam em causa direitos registáveis, a penhora deve ser feita por comunicação ao registo, nos termos do art. 838.º, n.º 1, seguida de notificação.
Se o direito tiver uma estrutura relacional ou existir, em geral, um interesse de outrem merecedor de tutela, deve ser seguido o regime da penhora de créditos (arts. 856.º e seguintes). São exemplos os créditos fundados no direito patrimonial de autor e nos direitos sobre programas de computador, se já tiverem sido feitos valer num contrato, e direitos potestativos autónomos, como o direito de resolução do contrato, em que deve ser notificada a contraparte, apesar da estrutura não relacional daqueles.

120. **Quando pode ter lugar o incidente de oposição à penhora?**
O incidente de oposição à penhora pode ter lugar quando sejam penhorados bens pertencentes ao executado e, cumulativamente, se verifique uma das seguintes circunstâncias:
– seja inadmissível, nos termos da lei processual, a penhora dos bens concretamente apreendidos ou com a extensão com que foi realizada (art. 863.º-A, n.º 1, a); arts. 822.º a 824.º--A);
– esses bens só subsidiariamente respondam pela dívida exequenda (arts. 863.º-A, n.º 1, b), e 828.º);
– esses bens não devam responder, nos termos do direito substantivo, pela dívida exequenda (art. 863.º-A, n.º 1, c)).

Quando a oposição à penhora se funde na existência de patrimónios autónomos – nomeadamente, nos casos de penhora de bens subsidiariamente responsáveis pela dívida exequenda –, o executado tem o ónus de indicar os bens em seu poder que integrem o património que primeiramente deve responder pela dívida exequenda (art. 863.º-A, n.º 2). Se o executado não proceder a essa indicação, a escolha dos bens a penhorar cabe ao solicitador de execução.

121. Como se processa o incidente de oposição à penhora?
A oposição é apresentada:
– no prazo de 20 dias a contar da citação da execução, quando esta é efectuada após a penhora (art. 863.º-B, n.º 1, a)); pode o executado, neste prazo, cumular a oposição à penhora com a oposição à execução (art. 813.º, n.º 2);
– no prazo de 10 dias a contar da notificação do acto da penhora, quando tenha tido lugar a citação prévia (art. 863.º-B, n.º 1, b)); este prazo conta-se a partir da notificação feita nos termos do art. 864.º, n.º 7).

A execução dos bens a que a oposição respeita suspende-se quando o executado preste caução (art. 863.º-B, n.º 3). Neste caso, pode o exequente substituir ou reforçar a penhora (art. 834.º, n.º 3, d)). Em todo o caso, e quando a execução prossiga, não há pagamento – decorrente da venda dos bens sobre os quais recaiu o incidente – antes de definitivamente decidida a oposição, a menos que o credor pago preste caução (art. 818.º, n.º 4).

Se a oposição à penhora for cumulada com a oposição à execução (art. 813.º, n.º 2), aquela segue a tramitação prevista para esta (art. 817.º). Se o executado apenas se opuser à penhora, não se opondo também à execução, o incidente segue a tramitação decorrente dos arts. 303.º e 304.º (art. 863.º-B, n.º 2).

A penhora é levantada se a oposição à penhora for julgada procedente (art. 863.º-B, n.º 4).

122. Em que casos há lugar a cancelamento do registo da penhora?
O cancelamento do registo é a vertente registal do levantamento da penhora, que ocorre quando:

- a execução é rejeitada (art. 820.º, n.º 2);
- existe substituição dos bens próprios penhorados por bens comuns do casal (art. 825.º, n.º 3);
- na execução movida contra herdeiro, mediante requerimento do executado, quando a penhora recai sobre bens que não os da herança e este indique, ao mesmo tempo, os bens da herança que tenha em seu poder (art. 827.º, n.º 2);
- em sede de penhorabilidade subsidiária, existindo bens do devedor principal, o exequente não requereu execução contra ele (art. 828.º, n.º 4);
- há substituição de bem penhorado por outro que assegure o fim da execução (art. 834.º, n.º 3, a));
- a penhora é substituída por caução (art. 834.º, n.º 5);
- a tramitação processual fica parada por período superior a 6 meses, devido a inércia do exequente (art. 847.º, n.º 1);
- há procedência da oposição à penhora (art. 863.º-B, n.º 1).

123. Como é feito o cancelamento do registo da penhora?
Quando a acção se encontra pendente, o cancelamento do registo será fundamentado por levantamento da penhora. Assim, neste âmbito, o cancelamento é efectuado com base em comunicação de quem tem competência para o levantamento da penhora (cfr. questões 87 e 88). Há, aqui, que distinguir consoante a penhora tenha sido levantada pelo agente de execução, no exercício dos seus poderes discricionários, ou o levantamento tenha sido decretado por despacho do juiz. Na primeira situação, o cancelamento do registo dar-se-á por comunicação do agente de execução à conservatória de registo competente, que efectuará o cancelamento do registo respectivo. Nas situações em que o levantamento da penhora é efectuado por despacho judicial, a reforma nada trouxe de novo o executado tem o ónus de se dirigir à conservatória competente, e requerer o cancelamento do registo. Quando a execução já não se encontra pendente, o registo de penhora é cancelado com base em certidão passada pelo tribunal competente.
Nos processos de execução fiscal, constitui também fundamento de cancelamento do registo, a extinção ou inexistência da dívida à Fazenda Pública (art. 58.º, n.º 1, Código do Registo Predial).

V
RECLAMAÇÃO DE CRÉDITOS

124. Quando se processa a reclamação de créditos?
Depois de citados, os credores que gozem de garantia real registada ou conhecida sobre os bens penhorados podem reclamar, no prazo de 15 dias a partir da sua citação, a satisfação dos respectivos créditos (arts. 864.º, n.º 2, b), e 865.º, n.º 1).

125. Como seguem as reclamações de créditos?
As reclamações são autuadas num único apenso ao processo de execução (art. 865.º, n.º 8), tendo início uma acção declarativa, enxertada na execução, para apreciação da existência do crédito reclamado. Assim, a petição de reclamação de créditos deve obedecer aos requisitos de forma e de conteúdo de uma petição inicial.
Com a apresentação da petição de reclamação na secretaria, o reclamante deve pagar a respectiva taxa de justiça inicial (art. 467.º, n.º 3).

126. A quem deve ser dado conhecimento da reclamação de créditos?
Findo o prazo para a reclamação, procede-se à notificação do executado, do exequente e dos demais credores reclamantes, sendo o caso (art. 866.º, n.º 1), com vista à respectiva impugnação. Esta deve ter lugar no prazo de 15 dias a contar da notificação (art. 866.º, n.ºs 2 e 3), podendo ter por fundamento qualquer facto extintivo, modificativo ou impeditivo (n.º 4 do mesmo preceito).
Tendo existido defesa por excepção, o credor pode responder nos 10 dias subsequentes Por se tratar de uma acção declarativa enxertada no processo executivo, estas notificações são efectuadas pela secretaria (cfr. questão 52)

127. Qual a tramitação posterior às citações e notificações dos credores?
Pode verificar-se uma de três situações.
Em primeiro lugar, a verificação de algum dos créditos pode depender de prova. Neste caso, seguem-se os termos do processo sumário declarativo posteriores aos articulados (1.ª parte do n.º 1 do art. 868.º);
A segunda hipótese tem lugar quando não há impugnação. Neste caso, deve ser logo proferida sentença que reconheça a existência dos créditos e os gradue com o crédito do exequente (art. 868.º, n.º 2).
Finalmente, há a hipótese de ser desnecessária a produção de prova quanto aos créditos impugnados. Nesta situação, deve ser logo proferida sentença que reconheça a existência dos créditos e os gradue com o crédito do exequente (art. 868.º, n.º 2).

128. Quando tem lugar a graduação dos créditos reclamados?
A graduação dos créditos reclamados é a segunda parte da decisão final do apenso de verificação dos créditos reclamados. Só tem lugar depois da determinação de quais os créditos reconhecidos que podem ser satisfeitos na acção executiva em curso (2.ª parte do n.º 1 do art. 868.º).
A graduação de créditos é feita em separado, relativamente aos bens móveis e imóveis penhorados, nos termos das regras de direito substantivo.

129. Qual a consequência da falta de citação de algum dos credores titulares de garantia registada ou conhecida sobre os bens penhorados?
A falta de citação de qualquer das entidades previstas no n.º 3 do art. 864.º produz os mesmos efeitos que a falta de citação do réu (art. 864.º, n.º 10). Assim, a omissão deste acto determina a anulação dos actos subsequentes (arts. 195.º e 201.º, n.º 1), mas é uma nulidade que produz efeitos apenas no caso de ser arguida pelo interessado (arts. 202.º, *a contrario,* e 203.º).
Apesar deste regime, não há lugar à anulação de vendas, adjudicações, remições ou pagamentos que já tenham sido efectuados (art. 864.º, n.º 10), ficando salvaguardada a situação da pessoa que deveria ter sido citada. Esta tem o direito a ser paga pelo exequente ou por outro credor pago no seu lugar, segundo as

regras do enriquecimento sem causa. A este regime acresce a aplicação das regras da responsabilidade civil à pessoa responsável pela omissão da citação devida (art. 864.º, n.º 10).

130. Qual o procedimento a seguir, caso existam duas execuções sobre os mesmos bens?

A existência de mais do que uma execução sobre os mesmos bens pressupõe, necessariamente, a existência de bens já penhorados numa delas. Verificando-se este pressuposto, há que distinguir três situações:
– A primeira acção é proposta para pagamento de quantia certa (proémio do n.º 4 do art. 832.º) e o exequente da segunda acção é titular de direito real de garantia sobre bem penhorado no primeiro processo; este direito não é um privilégio creditório geral (art. 832.º, n.º 4, a)) e, no mesmo processo, ainda não foi proferida a sentença de graduação de créditos (art. 832.º, n.º 4, b)). O primeiro processo não se encontra ainda na fase de reclamação de créditos. Nesta situação, o requerimento executivo é remetido para o primeiro processo, passando a existir coligação sucessiva de exequentes (arts. 832.º, n.º 5, e 58.º, n.º 4).
– A primeira acção é para pagamento de quantia certa (proémio do n.º 4 do art. 832.º) e o exequente da segunda acção é titular de direito real de garantia sobre bem penhorado no primeiro processo; este direito não é um privilégio creditório geral (art. 832.º, n.º 4, a)) e, no mesmo processo, ainda não foi proferida a sentença de graduação de créditos (art. 832.º, n.º 4, b)). O primeiro processo já se encontra na fase do concurso de credores. Nesta situação, o requerimento executivo é remetido para o primeiro processo, valendo como reclamação, assumindo o exequente a posição de reclamante (n.º 5 do art. 832.º).
– Não se verificando uma das hipóteses acima referidas e já tendo existido penhora no âmbito da segunda acção dos bens penhorados na primeira execução, a segunda é <u>sustada</u>, relativamente a esses bens, desde que:
 a) o agente de execução informe o juiz relativamente à situação, nos 10 dias imediatos à realização da segunda penhora ou ao conhecimento da penhora anterior (1.ª parte do art. 871.º); ou

b) haja, a todo o tempo, requerimento nesse sentido, por parte do exequente, executado ou credor reclamante (2.ª parte do art. 871.º).

131. Como deve o agente de execução proceder quando, pretendendo realizar a penhora de um bem, depare com a aparência de uma penhora anterior simulada?

A existência de uma penhora anterior sobre determinado bem (ainda que simulada) pressupõe uma outra execução. Neste caso, deve proceder-se tal como indicado na pergunta 130, podendo o exequente impugnar a reclamação de créditos, nos termos do art. 866.º.

132. No caso de a execução posterior prosseguir, pode o respectivo exequente reclamar a satisfação do seu crédito na primeira execução que houver sido instaurada?

Sim. Tendo garantia real sobre o bem penhorado, o autor da segunda acção executiva a ser proposta pode ver satisfeito o seu crédito, nos termos acima expostos, mas, apesar disso, pode, simultaneamente, fazer prosseguir a segunda acção, com penhora de outros bens do executado, que não os bens já penhorados no âmbito do primeiro processo (art. 871.º).

Este regime decorre do facto de não se dever permitir a adjudicação ou venda dos mesmos bens; a liquidação deve ser única e ter lugar na acção em que os bens foram penhorados em primeiro lugar. Daí que o art. 871.º permita que a segunda acção a ser proposta prossiga relativamente a outros bens que não os penhorados na primeira.

133. Pode o credor com garantia real sobre o bem penhorado, quando não tenha reclamado o seu crédito dentro do prazo para o fazer na primeira execução reclamá-lo em momento posterior, na primeira execução, com fundamento no regime do n.ºs 4 e 5 do art. 832.º?

Não. Em sede de acção executiva apenas podem ser reclamados os créditos relativamente aos quais exista direito real de garantia. Ora, a garantia de que este credor era titular caducou por o crédito não ter sido reclamado dentro do prazo legalmente previsto, após a citação do respectivo titular. Deste modo, o crédito tornou-se comum, aplicando-se-lhe o regime da reclamação de créditos comuns. Este credor pode propor nova acção, que correrá autónoma e paralelamente à primeira, já em curso.

134. Qual a ordem da graduação de créditos?
A graduação de créditos consiste na determinação da ordem pela qual esses créditos devem ser pagos, ocorrendo lugar após o seu reconhecimento.
A ordem de graduação dos créditos é a seguinte:

– em caso de concurso sobre a mesma coisa móvel, a regra é a de que prevalece o direito real de garantia que mais cedo se tiver constituído (ou registado em primeiro lugar, tratando--se de coisa móvel sujeita a registo). Esta regra aplica-se salvo disposição especial em contrário, como é o caso dos arts. 746.º, 749.º e 750.º, do CC, e 10.º, n.º 2, do DL n.º 103//80, de 9 de Maio;
– em caso de concurso sobre a mesma coisa imóvel, o privilégio <u>imobiliário</u> é graduado em primeiro lugar, seguido do direito de retenção; depois, tem lugar a graduação da hipoteca e da consignação de rendimentos e, existindo concurso entre estas últimas, prevalece a que tiver sido registada em primeiro lugar (arts. 751.º e 759.º, n.º 2, do CC e 6.º, n.º 1, do Código do Registo Predial);
– existindo concorrência entre privilégios creditórios, a ordem de prevalência é a determinada pelos arts. 745.º a 748.º, do CC, salvo disposição avulsa em contrário;
– caso o crédito do exequente seja apenas garantido pela penhora, será graduado depois destes créditos (a menos que seja sujeito a registo e este lhes seja anterior). Já não é assim, no caso de direito real de garantia constituído posteriormente à penhora, devendo atender-se à natureza e data de constituição do mesmo.

135. Quais os privilégios creditórios estabelecidos em lei avulsa?
São privilégios creditórios gerais estabelecidos em lei avulsa:

– o da Segurança Social por dívidas de contribuições (e respectivos juros de mora), incidindo sobre todos os bens móveis e imóveis pertencentes à entidade patronal na data da instauração da execução (arts. 10.º, n.º 1, e 11.º, do DL n.º 103/80, de 9 de Maio);

- o privilégio imobiliário e mobiliário geral atribuído ao Instituto de Emprego e Formação Profissional, incidindo sobre os bens móveis e imóveis pertencentes ao devedor beneficiário de apoio à formação profissional concedido por este Instituto (art. 30.º, DL n.º 165/85, de 16 de Maio);
- o privilégio mobiliário e imobiliário geral dos créditos do Departamento para os Assuntos do Fundo Social Europeu, por não aplicação ou aplicação indevida dos subsídios concedidos pelo Fundo Social Europeu e pelo Estado Português (art. 2.º, do DL n.º 158/90, de 17 de Maio);
- o privilégio mobiliário geral do Estado, por créditos do Imposto sobre o Rendimento de Pessoas Singulares (art. 11.º, CIRS) e de Imposto sobre o Rendimento de Pessoas Colectivas (art. 108.º, CIRC), concedido para além do privilégio geral atribuído pelo art. 736.º, n.º 1, CC;
- o privilégio mobiliário geral do Estado, por aval concedido a empresas privadas (art. 22.º, Lei n.º 112/97, de 16 de Setembro);
- o privilégio geral concedido aos trabalhadores por conta de outrem, por créditos derivados do contrato de trabalho, que é mobiliário e imobiliário e incide sobre os bens da entidade patronal (art. 12.º, Lei n.º 17/86, de 14 de Junho);
- o privilégio mobiliário e imobiliário geral concedido a estes trabalhadores, por créditos emergentes de acidente de trabalho ou doença profissional (art. 35.º, Lei n.º 100/97, de 13 de Setembro).

É privilégio creditório especial, também em lei avulsa: o que é atribuído ao titular de obrigação hipotecária, para efeito do recebimento do capital e juros, graduado antes dos créditos hipotecários afectos respectiva emissão (art. 6.º, n.º 2, do DL n.º 125//90, de 16 de Abril).

136. O que acontece quando haja lugar a reclamação espontânea de créditos, por parte de credor não citado?
Os titulares de direitos reais de garantia que não tenham sido citados podem reclamar espontaneamente os seus créditos, até à transmissão dos bens penhorados (art. 865.º, n.º 3). Segue-se, depois, o procedimento normal de reclamação.

137. Como podem os credores comuns acautelar os seus créditos?
A lei prevê duas situações distintas:
– os credores comuns podem propor acção executiva autónoma, enquanto exequentes e, sendo vários os credores nesta situação, o art. 58.º permite a sua coligação contra o(s) devedor(es). Nesta acção independente, podem ser penhorados os mesmos bens que já haviam sido penhorados na primeira execução, em que estes credores não tiveram possibilidade de reclamar os respectivos créditos (art. 871.º); ou,
– estes credores podem obter a suspensão da execução em que não puderam reclamar os seus créditos, desde que provem que foi requerido processo especial de recuperação de empresa ou falência (art. 870.º).

138. A sentença de verificação e graduação de créditos tem força de caso julgado?
O objecto da acção de verificação e graduação de créditos é, essencialmente, o reconhecimento do direito real que garante o crédito reclamado. Assim, produz-se caso julgado relativamente ao reconhecimento do direito real de garantia. Fica reconhecido o crédito reclamado, mas só na medida em que se fundamente na existência do direito real. Caso o executado intervenha na acção, o caso julgado forma-se também quanto à graduação, mas já não quanto à verificação dos créditos.

VI
VENDA E PAGAMENTO

139. Quando a venda de bens móveis não possa ser feita em depósito público, qual a modalidade de venda a escolher?
Estando a venda mediante propostas em carta fechada reservada aos bens imóveis e a estabelecimentos comerciais de valor elevado (arts. 889.º e 901.º-A), a venda de bens móveis penhorados e removidos para depósito (não público) ou que permaneçam com o executado, deve ser feita por negociação particular ou em estabelecimento de leilões (art. 886.º, n.º 1, d) e e)).

140. A fase de pagamento pode ter início antes da graduação de créditos?
Sim. Apenas se exige que já tenha terminado o prazo para as reclamações, sem prejuízo das excepções previstas na lei. Este regime deriva do facto de o reconhecimento e a graduação de créditos decorrerem em processo declarativo autónomo, apenso à execução (art. 873.º, n.º 1).

141. Podem os credores cujos créditos ainda não tenham sido verificados intervir na fase de pagamento?
Sim. Nada na lei impede os credores de controlar a legalidade e regularidade desta fase, pois uma das finalidades da execução é a satisfação dos seus créditos.

142. Podem os credores exigir o pagamento em dinheiro para satisfação do seu crédito?
Sim, quando se trate de execução para pagamento de quantia certa. Deste modo, o pagamento por adjudicação não pode ser imposto aos credores: consistindo na entrega dos bens penhorados, só tem lugar a requerimento do exequente ou do credor reclamante (art. 875.º, n.ºs 1 e 2).

143. O credor pode sempre requerer o pagamento por adjudicação?
Não. Só pode fazê-lo relativamente aos bens sobre os quais tenha invocado garantia real. E, tendo já sido proferida sentença de verificação e graduação de créditos, a lei exige que o seu crédito tenha sido reconhecido e graduado (art. 875.º, n.º 2).

144. Quem realiza a adjudicação?
É ao agente de execução que cabe realizar a adjudicação (art. 875.º, n.º 4).

145. Pode a dívida exequenda ser paga em prestações?
Sim. Não excluindo a celebração de transacção homologável judicialmente, o n.º 1 do art. 882.º admite, ainda, o pagamento em prestações da dívida exequenda, se exequente e executado, de comum acordo, requererem a suspensão da instância executiva. Este requerimento – subscrito por ambos – deve conter o plano de pagamento acordado e pode ser apresentado até à transmissão do bem penhorado ou, no caso de venda mediante propostas em carta fechada, até à aceitação de proposta apresentada (art. 882.º, n.º 1). A falta de pagamento de uma prestação importa o vencimento das restantes, podendo o exequente requerer o prosseguimento da execução para satisfação do remanescente do seu crédito (art. 884.º).
Qualquer penhora já feita na execução vale, salvo convenção em contrário, como garantia do crédito exequendo, que se mantém até integral pagamento (art. 883.º).
O art. 885.º confere aos outros credores cujos créditos estejam vencidos o direito de prosseguir com a execução para satisfação dos seus créditos, ficando sem efeito a suspensão da execução. Pode o exequente, neste caso, requerer o prosseguimento da execução (ficando sem efeito o acordo de pagamento); se o não requerer, perde o direito de garantia constituído a seu favor pela penhora.

146. Como deve o agente de execução proceder quando o executado lhe entrega, directamente, a quantia exequenda?
O pagamento voluntário da dívida exequenda pode ter lugar em qualquer fase do processo (art. 916.º, n.º 1). O executado pode fazê-lo mediante depósito em instituição de crédito, à ordem da

secretaria do tribunal (art. 916.º, n.º 2), ou através de pagamento directo ao agente de execução (art. 916.º, n.º 3).

Quando o executado opte pela entrega directa ao agente de execução, o dinheiro será depositado na conta-clientes junto de instituição de crédito de que o solicitador de execução seja titular (art. 124.º, n.º 2, do Estatuto da Câmara dos Solicitadores). Todas as quantias recebidas pelo solicitador de execução no âmbito de processos de execução, quando não destinadas ao pagamento de tarifas liquidadas, devem ser depositados na conta-clientes (art. 124.º, n.º 3 do Estatuto).

Feito o pagamento ao agente de execução, suspende-se a instância, seguindo-se a liquidação da responsabilidade total do executado (n.ºˢ 2 e 3 do art. 917.º). Proceder-se-á à liquidação do saldo existente e das custas (art. 917.º, n.º 4), assim como, quando for o caso, à distribuição do produto da venda (art. 872.º, n.º 1), sendo, então, extinta a execução (art. 919.º, n.º 1). Tendo existido penhora, os credores privilegiados são citados antes da extinção da instância executiva.

147. Obtido o pagamento integral, há lugar a despacho de sustação da execução?

Havendo pagamento voluntário processual – feito o depósito no valor da quantia em dívida à ordem da secretaria judicial – ou sendo esse valor entregue directamente ao agente de execução –, a instância suspende-se, não havendo lugar a despacho do juiz nesse sentido (arts. 916.º e 809.º, *a contrario*). Há, apenas, uma constatação de factos que constituem pressuposto da suspensão da instância, com vista à liquidação de toda a responsabilidade do executado e, por fim, extinção da instância. Daí que a expressão da lei seja "susta-se a execução" (art. 916.º, n.º 2). Por outro lado, não se encontra esta atribuição entre as elencadas no art. 809.º, como competências do juiz de execução.

148. Quais os efeitos da falta de citação do cônjuge do executado?

A falta de citação de qualquer das entidades previstas no n.º 3 do art. 864.º, nomeadamente do cônjuge do executado, produz os mesmos efeitos que a falta de citação do réu (art. 864.º, n.º 10). Assim, a omissão deste acto determina a anulação dos actos subsequentes (arts. 195.º e 201.º, n.º 1), mas é uma nulidade que produz efeitos, apenas no caso de ser arguida pelo interessado (arts. 202.º, *a contrario*, e 203.º).

Apesar deste regime, não há lugar à anulação de vendas, adjudicações, remições ou pagamentos que já tenham sido efectuados (art. 864.º, n.º 10), ficando salvaguardada a situação do cônjuge do executado pela atribuição do direito a ser ressarcido pelos prejuízos sofridos em virtude da omissão deste acto (art. 864.º, n.º 10).

149. Como se extingue a instância executiva?
Quando ocorra uma das causas de extinção da instância executiva, o agente de execução, verificando o preenchimento desse pressuposto (art. 808.º), notifica o executado, o exequente e os credores reclamantes, que podem fazer prosseguir a execução, nos termos estabelecidos no art. 920.º, n.º 2.
Estando em causa a mera constatação de factos, a extinção da instância não é acto jurisdicional, pelo que não depende de sentença do juiz. É o que resulta também do art. 809.º – não consta do elenco de intervenções específicas do juiz no processo, previstas neste preceito, o proferimento de sentença.

150. Nos termos dos artigos 33.º e 33.º-A, CCJ, que elementos devem integrar a conta final do processo?
Segundo o art. 53.º, CCJ, a conta é elaborada de harmonia com o julgado em última instância, abrangendo as custas da acção, dos incidentes e dos recursos, com excepção das custas de parte e da procuradoria, salvo nos casos em que as mesmas devam ser consideradas para o efeito. Deve, assim, conter os seguintes elementos (art. 56.º, n.º 3, CCJ):
– indicação do número, do valor da acção, dos incidentes, dos recursos e da taxa de justiça respectiva – constante da tabela –, assim como da percentagem da sua responsabilidade;
– indicação da taxa devida pelo responsável, da taxa paga e da taxa em dívida, discriminação do reembolso de outras taxas de justiça, de multas e de outros créditos do Cofre Geral dos Tribunais;
– discriminação dos impostos devidos ao Estado e das receitas de que outras entidades ou serviços sejam titulares;
– liquidação do reembolso ao vencedor a título de custas de parte – nos casos em que as mesmas devam ser consideradas na conta;
– apuramento do total e indicação de outras quantias pagas e determinação do valor a pagar, encerrando com a menção da data e assinatura.

Ligações úteis

- www.mj.gov.pt
  Sítio do Ministério da Justiça. Acesso à pasta *Reforma da Acção Executiva*.
- www.tribunaisnet.mj.pt
  Acesso à consulta *online* da distribuição de processos nos tribunais de primeira instância:
  - http://www.tribunaisnet.mj.pt/distrib/
  Obtenção do modelo de requerimento executivo e de outras informações
  - http://www.tribunaisnet.mj.pt/tribunal/modelorexec/modeloreqexec.aspx
- www.solicitador.net/
  Sítio da Câmara dos Solicitadores.
- www.oa.pt
  Sítio da Ordem dos Advogados.
- www.redecivil.mj.pt/Accao%20Execut.htm
  Sítio do Ponto de Contacto Português da Rede Judiciária Europeia em Matéria Civil e Comercial. Informação sobre a acção executiva.

LEGISLAÇÃO COMPLEMENTAR

PORTARIA n.º 700/2003, de 31 de Julho

Aprova os modelos de auto de penhora, de edital de penhora de imóveis e de selo de penhora de veículos automóveis, no âmbito da acção executiva.

O Decreto-Lei n.º 38/2003, de 8 de Março, procedeu a uma profunda reforma do regime da acção executiva.

De entre as inovações previstas para este novo regime, encontra-se a uniformização de determinados actos processuais, através da aprovação de modelos predefinidos.

Assim, ao abrigo do disposto no artigo 836.º, no n.º 3 do artigo 838.º e no n.º 3 do artigo 851.º do Código de Processo Civil, na redacção que lhe foi conferida pelo Decreto-Lei n.º 38/2003, de 8 de Março:

Manda o Governo, pela Ministra da Justiça, o seguinte:

1.º São aprovados os seguintes modelos no âmbito da acção executiva:
   a) Auto de penhora, constante do anexo I da presente portaria;
   b) Edital de penhora de imóveis, constante do anexo II da presente portaria;
   c) Selos de penhora de veículos automóveis, constante do anexo III da presente portaria.
2.º A existência dos modelos referidos no número anterior dever ser divulgada aos agentes de execução de forma adequada pelas secretarias judiciais.
3.º A presente portaria produz efeitos a partir do dia 15 de Setembro de 2003, aplicando-se a todos os processos de execução entrados a partir desse dia.

A Ministra da Justiça, *Maria Celeste Ferreira Lopes Cardona*, em 1 de Julho de 2003.

ANEXO I

AUTO DE PENHORA
Modelo a que se refere a alínea a) do artigo 1º da Portaria n.º 700/2003, de 31 de Julho

1 Tribunal da execução		
2 Tribunal solicitado		
3 Processo n.º	Ofício n.º	
4 Exequente(s)		
5 Executado(s)		

Data ☐☐ / ☐☐ / ☐☐☐☐   Hora (início) ☐☐ : ☐☐   Hora (fim) ☐☐ : ☐☐

6 Local	

| **7** Agente de execução | Designado | |
| | Que efectua a diligência de penhora | |

8 Limite da penhora	Dívida exequenda	Despesas prováveis	Total

9 Depositário	
Local de depósito	

10 Outras pessoas presentes	

Página ____ de _____

ANEXO I

AUTO DE PENHORA
Modelo a que se refere a alínea a) do artigo 1º da Portaria n.º xxx/2003 de xx/xx

Bens penhorados			
11 Verba	**12** Espécie	**13** Descrição	**14** Valor

Pagina ____ de _____

ANEXO I

AUTO DE PENHORA
Modelo a que se refere a alínea a) do artigo 1º da Portaria n.º xxx/2009 de xx/xx

Bens penhorados			
11 Verba **12** Espécie	**13** Descrição		**14** Valor
		Total	

15 Verbas	**16** Executado

17 Verbas que são bens comuns do casal	

Página _____ de _____

ANEXO I

AUTO DE PENHORA
Modelo a que se refere a alínea a) do artigo 1º da Portaria n.º xxx/2003 de xx/xx

	Cônjuge do executado	

18 Observações

Depois de lido e achado em conformidade, o auto vai ser assinado.----------------

Página ____ de _____

ANEXO I

AUTO DE PENHORA
Modelo a que se refere a alínea a) do artigo 1º da Portaria n.º xxx/2008 de xx/xx

AUTO DE PENHORA
Aprovado pela Portaria n.º xxx/2003 de xx/xx

Instruções de preenchimento

Campo n.º	Instruções
1	O "Tribunal de Execução" é o tribunal, juízo ou secretaria onde pende a acção executiva.
2	Considera-se "tribunal solcitado" o tribunal ao qual é solicitada apenas a realização da penhora.
3	Deve indicar-se o n.º de processo da acção executiva. No caso de penhora solicitada a outro tribunal, deve ser indicado o n.º do respectivo ofício.
4	Deve indicar-se o nome do exequente.
5	Deve indicar-se o(s) nome(s) do(s) executado(s).
6	Indicar o local de realização da penhora (onde se encontram os bens a penhorar)
7	Indicar o nome e n.º da cédula profissional são os elementos necessários à identificação do agente de execução que seja solicitador de execução. Se o agente de execução for oficial de justiça, este identificar-se-á pelo nome, categoria e número mecanográfico. Indicar igualmente a identificação do agente de execução que efectua a penhora, a solicitação do agente de execução "designado" na acção executiva - cfr. artigo 808.º, n.º 5 do CPC.
8	Neste item são três os campos a preencher de acordo com o n.º 2 do art.º 821.º do Cód. Proc. Civil: o 1.º campo (dívida exequenda) corresponde, em regra, ao valor da "liquidação da obrigação" constante do requerimento executivo; o valor a inscrever no 2.º campo (despesas prováveis) corresponde ao valor de 20%, 10% ou 5% da dívida exequenda, nos termos previstos no n.º 2 do art.º 821.º do CPC; o 3.º campo é a soma dos dois valores anteriormente referidos.
9	O depositário, consoante os casos, pode ser, o agente de execução, terceira pessoa designada pelo oficial de justiça, o executado, o arrendatário do imóvel ou o retentor - cfr. art.º 839.º n.º 1 do CPC. Sendo o depósito confiado a quem não esteja ainda identificado nos autos, essa pessoa deve ser identificada pelo nome completo, domicílio, NIF e BI ou documento de identificação equivalente, fazendo-se referência à sua qualidade, por exemplo, de arrendatário ou de retentor. Local de depósito: é o local em que ficam depositados os bens.
10	Neste campo identificar-se-ão as pessoas presentes no acto da penhora: exequente; executado; depositário; testemunhas; agentes de autoridade; etc.
11	Os bens penhorados são descritos em verbas numeradas sequencialmente a partir da unidade.
12	Espécie de bens penhorados (ex. bem imóvel, bem móvel não sujeito a registo, etc.).
13	Os bens penhorados são descritos de acordo com o n.º 5 do art.º 810.º do CPC. No caso de bens sujeitos a registo, serão referenciados com os elementos pertinentes.
14	Valor atribuído ao bem penhorado (ex. 14.000,00).
15	Sendo penhorados bens pertencentes a vários executados, indicar as verbas pertencentes a cada um dos executados.
16	Indicação dos executados a quem pertencem as verbas indicadas no campo 15.
17	Caso sejam penhorados bens comuns do casal, indicar-se-ão, neste campo, quais os bens comuns (por referência às verbas em que estão descritos), para além de se identificar o cônjuge do executado (nome, domicílio, local de trabalho, regime de casamento e NIF) – artigos 825.º e 864.º-A do CPC.
18	Este campo de "observações" destina-se à descrição de quaisquer outros factos não previstos nos outros campos como, por exemplo, ocorrências anormais no decorrer da diligência, informações sobre ónus ou encargos que recaiam sobre os bens penhorados ou ainda quaisquer indicações sobre alegada titularidade por terceiro de determinados bens penhorados. Neste último caso, neste campo far-se-á referência às verbas em que os bens estão descritos e identificar-se-á o terceiro (nome, domicílio, local de trabalho, regime de casamento e NIF) e a que título os bens se encontram na posse do executado (penhor; direito de retenção ou outro que seja informado).

Rubrica do exequente:_____ Página n.º ____ de um total de ____

ANEXO II

EDITAL – IMÓVEL PENHORADO

Modelo a que se refere a alínea b) do Artigo 1º da Portaria n.º xxx/2003 de xx/xx
Nos termos do disposto no artigo 838.º, n.º 3, do Código de Processo Civil, publicita-se por este meio a penhora deste imóvel

Elementos do processo no âmbito do qual foi efectuada a penhora

Tribunal da execução		Processo n.º	
Tribunal solicitado		Ofício n.º	
Exequente(s)			
Executado(s)			
Data de realização da penhora	/ /		

Agente de execução	Designado	Nome				
		Solicitador de execução n.º		Oficial de justiça n.º		
		Domicílio				
		Telef.		Fax	Corr. elect.	
	Que efectua a diligência de penhora	Nome				
		Solicitador de execução n.º		Oficial de justiça n.º		
		Domicílio				
		Telef.		Fax	Corr. elect.	

Depositário	

Valor da penhora	Dívida exequenda	Despesas prováveis	Total

Identificação do imóvel penhorado:

Denominação do imóvel	
Rua/Avª/Praça	n.º
Freguesia	
Localidade	Cód. Postal
Confrontações – Norte	
Sul	
Nascente	
Poente	

Artigo matricial	N.º	Urbano ☐ Rústico ☐ Misto ☐ Omisso ☐
	Valor tributável ( )	
	Serviço de Finanças	Código
Cons. Registo Predial de		Descrição n.º	Omisso

Observações	

Afixado em 200__/____/____   O agente de execução,

_____

ANEXO II

EDITAL – IMÓVEL PENHORADO

Modelo a que se refere a alínea b) do Artigo 1º da Portaria n.º xxx/2003 de xx/xx
Nos termos do disposto no artigo 838.º, n.º 3, do Código de Processo Civil, publicita-se por este meio a penhora deste imóvel

Instruções

1. O teor do edital de penhora de imóvel contém os elementos constantes do auto de penhora d imóvel.
2. Este meio publicitário da penhora do imóvel justifica naturalmente a identificação detalhad dos agentes de execução (designado e executor da diligência).
3. O imóvel é identificado pela forma apontada no art.º 810.º, n.º 5-a), dispensando, no entant o preenchimento das confrontações no caso de estar inscrito na matriz e de estar registad na competente conservatória do registo predial.

ANEXO III

Modelo a que se refere a alínea C) do Artigo 1º da Portaria xxx/2003 de xx/xx

SELO DE PENHORA DE VEÍCULO AUTOMÓVEL

TRIBUNAL		Un. Orgânica	

Processo n.º	

Exequente	
Executado	

Marca e modelo		Matrícula	

veículo penhorado

Agente de Execução						
Nome						
Domicílio	Rua/Av.					
	Localidade					
	Cód. Postal		-		-	
	Telef		Fax		Corr. electr.	

Data de afixação	
Assinatura	

MINISTÉRIO DA JUSTIÇA

PORTARIA n.º 708/2003, de 4 de Agosto

Estabelece a remuneração e o reembolso das despesas do solicitador de execução no exercício da actividade de agente de execução

O Decreto-Lei n.º 38/2003, de 8 de Março, procedeu, de entre outras alterações, a uma reforma profunda do regime da acção executiva previsto no Código de Processo Civil.

Nessa reforma, inclui-se a criação da figura do agente de execução, cujas funções são desempenhadas, por via de regra, por solicitador de execução.

Este profissional, cuja actividade é, para além do controlo judicial efectuado em cada processo, disciplinada pela Câmara dos Solicitadores, auferirá remuneração pelos serviços prestados nos termos da presente portaria.

A remuneração ora fixada procura encontrar uma correspondência com os serviços efectivamente prestados através da atribuição a cada acto praticado de um valor fixo.

Para além desta componente fixa, o solicitador de execução auferirá igualmente uma parte variável em função dos resultados obtidos com a sua actividade, parcela esta que constitui um incentivo ao diligente desempenho das funções.

A remuneração do solicitador de execução será suportada pelo autor ou exequente; todavia, tal valor integra as custas que ele tenha direito a receber do réu ou executado.

A presente portaria fixa ainda as receitas da caixa de compensações prevista no artigo 127.º do Estatuto da Câmara dos Solicitadores, assim como o valor das compensações a suportar por tal caixa.

Foi ouvida a Câmara dos Solicitadores, tal como é imposto pelo respectivo Estatuto.

Assim:

Ao abrigo do disposto no n.º 1 do artigo 126.º do Estatuto da Câmara dos Solicitadores:

Manda o Governo, pela Ministra da Justiça, o seguinte:

CAPÍTULO I

Objecto

Artigo 1.º

Objecto

A presente portaria estabelece a remuneração e o reembolso das despesas do solicitador de execução no exercício da actividade de agente de execução.

CAPÍTULO II

Remuneração e reembolso das despesas do solicitador de execução

SECÇÃO I

Disposições gerais

Artigo 2.º

Remuneração e reembolso das despesas do solicitador de execução

1 – O solicitador de execução tem direito a receber honorários pelos serviços prestados, bem como a ser reembolsado das despesas realizadas que devidamente comprove.

2 – O solicitador de execução não pode auferir, no exercício da actividade de agente de execução, remuneração diversa daquela a que tiver direito nos termos da presente portaria.

3 – O desrespeito das disposições deste diploma constitui ilícito disciplinar, nos termos do Estatuto da Câmara dos Solicitadores.

Artigo 3.º

Provisão de honorários ou de despesas

1 – O solicitador de execução pode exigir, a título de provisão, quantias por conta de honorários ou de despesas.

2 – Sempre que o solicitador de execução exigir provisão, deve emitir recibo do qual constem, detalhadamente, as quantias recebidas e os actos a que as mesmas dizem respeito.

3 – Todas as importâncias recebidas pelo solicitador de execução nos termos deste artigo são depositadas na conta cliente.

ARTIGO 4.º
Dever de informação

1 – O juiz, a Câmara dos Solicitadores, o exequente, o executado e qualquer terceiro que tenha um interesse legítimo no processo têm direito a ser informados sobre a conta corrente discriminada da execução.

2 – O solicitador de execução, no acto da citação, para além das informações impostas pelas normas processuais, deve informar o executado do montante provável dos seus honorários e despesas.

ARTIGO 5.º
**Responsabilidade pelos honorários
e despesas e respectivo reembolso**

1 – Saem precípuas do produto dos bens penhorados as custas da execução, nos termos do artigo 455.º do Código de Processo Civil.

2 – A remuneração devida ao solicitador de execução e o reembolso das despesas por ele efectuadas, bem como os débitos a terceiros a que a venda executiva dê origem, são suportados pelo autor ou exequente, mas integram as custas que ele tenha direito a receber do réu ou executado.

ARTIGO 6.º
Revisão da nota de honorários e despesas

Qualquer interessado pode, no termo do processo, requerer ao juiz que proceda à revisão da nota de honorários e despesas, com fundamento na desconformidade com o disposto na presente portaria.

SECÇÃO II

Honorários

Artigo 7.º
Honorários do solicitador de execução em função dos actos praticados

O solicitador de execução tem direito a ser remunerado pelos actos praticados, de acordo com as tarifas constantes da tabela do anexo I.

Artigo 8.º
Honorários em função dos resultados obtidos

1 – No termo do processo, é devida ao solicitador de execução uma remuneração adicional, que varia em função:

a) Do valor recuperado ou garantido, nos termos da tabela do anexo II;
b) Da fase processual em que o montante foi recuperado ou garantido, nos termos do n.º 3.

2 – O valor resultante da aplicação da tabela referida na alínea a) do número anterior é multiplicado pelos seguintes factores, em função da fase processual em que tem lugar a recuperação ou a garantia do crédito:

a) 0,50 se ocorrer antes da realização do auto de penhora;
b) 1 se ocorrer após a realização do auto de penhora;
c) 1,30 se ocorrer após a publicidade da venda;
d) 1,80 se ocorrer após a realização da venda e como resultado desta.

3 – Para os efeitos deste artigo, entende-se por:

a) «Valor recuperado» o valor do dinheiro entregue, o do produto da venda, o da adjudicação ou o dos rendimentos consignados;
b) «Valor garantido» o valor dos bens penhorados ou o da caução prestada pelo executado, com o limite do montante dos créditos exequendos.

Artigo 9.º

Limite mínimo de honorários

Os honorários do solicitador de execução, depois de determinados de acordo com os artigos 7.º e 8.º, não podem ser inferiores à soma da remuneração devida pelos actos praticados, nos termos das tarifas constantes da tabela do anexo I, multiplicado pelos seguintes factores, em função do valor da execução:

a) 1 se o valor da execução for igual ou inferior a (euro) 1750;
b) 1,10 se o valor da execução for igual ou inferior a (euro) 3750;
c) 1,20 se o valor da execução for igual ou inferior a (euro) 15000;
d) 1,30 se o valor da execução for igual ou inferior a (euro) 50000;
e) 1,40 se o valor da execução for igual ou inferior a (euro) 75000;
f) 1,50 se o valor da execução for superior a (euro) 75000.

SECÇÃO III

Despesas

Artigo 10.º

Despesas do solicitador de execução

1 – O solicitador de execução tem direito a ser reembolsado das despesas necessárias à realização das diligências efectuadas no exercício das funções de agente de execução, desde que devidamente comprovadas.

2 – Exceptuam-se do disposto no número anterior as despesas de deslocação do solicitador de execução.

3 – Podem, todavia, ser cobradas despesas de deslocação, tendo por base os critérios estabelecidos no artigo 15.º, se o solicitador de execução, dentro do seu âmbito de competência territorial, praticar actos fora da sua comarca e, cumulativamente, se se verificarem os seguintes pressupostos:

a) Existirem solicitadores de execução, que não estejam impedidos de praticar o acto em causa, com domicílio profissional na comarca onde os actos vão ser praticados;
b) O exequente seja previamente informado do custo provável da deslocação e de que, sendo o acto praticado por solicitador de execução da comarca em causa, não há lugar a pagamento de tais despesas e, ainda, de que estas despesas de deslocação não integram as custas que o exequente tem a haver do executado.

CAPÍTULO III

Caixa de compensações

Artigo 11.º

Permilagem

Para os efeitos do disposto no artigo 127.º, n.º 1, do Estatuto da Câmara dos Solicitadores, são estabelecidas as seguintes permilagens sobre as tarifas cobradas pelo solicitador de execução:
a) Sobre a tarifa devida pela abertura do processo de execução – 250(por mil);
b) Sobre as tarifas devidas pelos restantes actos – 25 (por mil).

Artigo 12.º

Cobrança

A gestão e cobrança das permilagens referidas no artigo anterior será efectuada nos termos do regulamento a aprovar pela Câmara dos Solicitadores.

Artigo 13.º

Compensação de deslocações

1 – O solicitador de execução tem direito a uma compensação pelas deslocações efectuadas para a prática dos actos referidos nos n.os 3, 4, 5.1, 5.2.1, 6.1, 6.2, 6.7 e 7.1 da tabela constante do anexo I sempre que se verifiquem, cumulativamente, as seguintes condições:
a) Que o autor ou exequente não deva suportar tais despesas nos termos do disposto no n.º 3 do artigo 10.º;
b) A prática destes actos envolva uma deslocação superior a 30 km, calculadas as distâncias das viagens de ida e regresso pelo percurso mais curto por estrada pavimentada;
c) No caso das Regiões Autónomas da Madeira e dos Açores, a prática dos actos não envolva deslocação entre ilhas.

2 – O valor da compensação devida pela caixa de compensações será calculada com base na seguinte fórmula:

$C = [(D \times 2) - 30] \times V$

onde D corresponde à distância mais curta entre o tribunal e a sede da junta da freguesia onde deva ser praticado o acto e V corresponde ao valor devido por quilómetro.

3 – O valor devido por quilómetro é fixado pelo conselho geral da Câmara dos Solicitadores.

4 – O solicitador só terá direito à compensação de uma deslocação por cada acto sujeito a tarifação.

Artigo 14.º

Verificação de distâncias

O solicitador de execução informa a Câmara dos Solicitadores sobre qual a distância percorrida, sem prejuízo de posterior revisão da mesma pela Câmara, designadamente através de meio automático aprovado por regulamento.

CAPÍTULO IV

Disposições finais e transitórias

Artigo 15.º

Entrada em vigor

A presente portaria entra em vigor no dia 15 de Setembro de 2003.

A Ministra da Justiça, Maria Celeste Ferreira Lopes Cardona, em 1 de Julho de 2003.

ANEXO I
Tarifas a que fazem referência os artigos 7.º e 9.º

(Em euros)

	Valor da execução				
	Até 1 750	De 1 750,01 a 3 750	De 3 750,01 a 15 000	De 15 000,01 a 50 000	50 000,01 ou mais
1 — Pela abertura da execução	20				
2 — Pela notificação da remessa do processo para execução pendente	5				
3 — Entrega de coisa certa (por coisa ou conjunto de coisas)	40	60	120	200	400
4 — Prestação de facto (por facto ou conjunto de factos)	40	60	120	200	400
5 — Pagamento de quantia certa:					
5.1 — Pela elaboração de auto de penhora	30				
5.2 — Citações, notificações e comunicações:					
5.2.1 — Por citação do executado	30				
5.2.2 — Em simultâneo com a penhora	15				
5.2.3 — Citação de credores (por citado)	10				
5.2.4 — Citação de cônjuge (não executado), credores públicos, instituições de crédito ou sociedades financeiras (por citado)	5				
5.2.5 — Pela citação pessoal de terceiros, quando necessário	30				
6 — Venda:					
6.1 — Publicitação da venda de bens imóveis	40				
6.2 — Publicitação da venda de outros bens	20				
6.3 — Notificação dos preferentes (por notificado)	10				
6.4 — Assistência à abertura de propostas e lavrar a acta	35				
6.5 — Notificação do arrematante para depósito da parte restante do preço (por arrematante)	10				
6.6 — Arresto e execução dos bens do preferente ou proponente em caso de falta de depósito	As tarifas previstas na presente tabela				
6.7 — Adjudicação e registo dos bens (por bem ou conjunto de bens)	25				
6.8 — Venda por negociação particular (sobre o valor de venda)	1 %				
7 — Actos praticados noutros processos que não acções executivas:					
7.1 — Citação e notificação judicial avulsa	30				
7.2 — Vários citandos e notificandos no mesmo espaço/tempo (por citando)	10				

ANEXO II

Tabela a que faz referência a alínea a) do n.º 1 do artigo 8.º

Valor	Taxa base	Taxa marginal
Até 1.750,00 €	3,0000%	3,0000%
De 1.750,01 € a 3.750,00 €	2,0000%	2,4667%
De 3.750,01 € a 15.000,00 €	1,0000%	1,3667%
De 15.000,01 € a 50.000,00 €	0,7500%	0,9350%
De 50.000,01 € a 75.000,00 €	0,5000%	0,7900%
75.000,01 € ou mais	0,2500%	

O valor recuperado ou caucionado, quando superior a 1750,00 €, será dividido em duas partes: uma, igual ao limite do maior dos escalões que nele couber, à qual se aplicará a taxa marginal correspondente a esse escalão; outra, igual ao excedente, a que se aplicará a taxa base respeitante ao escalão imediatamente superior.

PORTARIA n.º 941/2003, de 5 de Setembro

Estabelece os procedimentos e condições em que se processa a venda em depósitos públicos de bens penhorados, nos termos do art. 907.º-A do Código de Processo Civil

O Decreto-Lei n.º 38/2003, de 8 de Março, procedeu, entre outras alterações, a uma reforma profunda do regime da acção executiva previsto no Código de Processo Civil.

Uma das medidas adoptadas com o fim de tornar mais eficaz, célere e transparente a venda em processo executivo foi a de instituir a figura do depósito público, local para onde podem ser removidos os bens penhorados para posterior venda.

O presente regulamento visa definir as condições em que a venda se pode efectuar em tais depósitos, procurando assegurar condições adequadas de publicidade do acto, de informação facultada ao exequente sobre os custos do depósito e venda bem como de igualdade de posições entre os interessados na aquisição dos bens.

Foi ouvida a Câmara dos Solicitadores.

Assim:

Manda o Governo, ao abrigo do disposto no n.º 3 do artigo 907.º-A do Código de Processo Civil, pela Ministra da Justiça, o seguinte:

Artigo 1.º
Objecto

A presente portaria estabelece os procedimentos e condições em que processa a venda em depósitos públicos de bens penhorados, nos termos do artigo 907.º-A do Código de Processo Civil.

ARTIGO 2.º

Depósito público

1 – São depósitos públicos os armazéns da propriedade ou posse do Ministério da Justiça cuja utilização para este fim seja autorizada por despacho do director-geral da Administração da Justiça.

2 – São, ainda, depósitos públicos aqueles armazéns cuja utilização seja acordada mediante protocolo celebrado para o efeito pela Câmara dos Solicitadores ou pelo Ministério da Justiça através da Direcção-Geral da Administração da Justiça.

ARTIGO 3.º

Preço do depósito

1 – No caso do n.º 2 do número anterior, os valores da remuneração aos depositários devem ser devidamente publicitados e dados a conhecer ao exequente pelo agente de execução previamente à remoção dos bens para os respectivos depósitos.

2 – A informação relativa à remuneração dos depositários pode ser prestada tendo em consideração tabelas genéricas, por aplicação de critérios de tempo e volume (metros quadrados ou metros cúbicos), ou outros critérios, consentâneos com a natureza dos bens penhorados.

3 – Caso, previamente à remoção dos bens, o agente de execução não haja dado conhecimento ao exequente, de forma clara e inequívoca, da remuneração ou tabelas aplicadas pelo depósito, o exequente não está obrigado ao seu pagamento, recaindo tal encargo sobre o agente de execução.

4 – Uma vez depositados os bens, o titular do depósito emite declaração com o custo mensal efectivo do depósito.

5 – O exequente provisiona o agente de execução com o valor igual a seis meses do custo de depósito, salvo se o agente de execução entender que é suficiente valor inferior.

6 – Ao preço de depósito pode acrescer o seguro dos bens depositados, montagem e desmontagem e, atenta a natureza dos bens, despesas especiais de manutenção.

7 – A Direcção-Geral da Administração da Justiça pode, atenta a natureza dos bens, optar pela sua colocação em local particular diferente do depósito público, devendo comunicar a sua localização ao agente de execução.

Artigo 4.º
Remoção de depósito

Ao agente de execução é entregue título de depósito dos bens removidos para depósito público, que constituirá prova de tal depósito.

Artigo 5.º
Data de realização da venda

1 – Cabe ao agente de execução informar, por escrito, o titular do depósito da intenção de proceder à venda.

2 – Após recepção da comunicação referida no número anterior, o titular do depósito marca a data de realização da venda, comunicando-a ao agente de execução.

3 – A venda deve ser realizada no prazo máximo de 60 dias a contar da data da comunicação referida no n.º 1.

4 – A publicitação da venda segue os termos do disposto no n.º 3 do artigo 890.º do Decreto-Lei n.º 38/2003, de 8 de Março.

Artigo 6.º
Modo de realização da venda

1 – A venda deve ser realizada em local aberto ao público, preferencialmente no próprio local de depósito, salvo se a natureza dos bens a vender o impedir.

2 – A venda deve realizar-se na presença do agente de execução.

3 – Se estiver agendada para o mesmo dia e hora a venda de bens penhorados em diferentes processos, nos quais desempenhem funções diversos agentes de execução, entre eles é escolhido aquele que presidirá à venda.

4 – Os potenciais interessados têm o direito de entre a data de publicitação da venda e a data de realização da mesma inspeccionar os bens a vender.

5 – Os interessados na aquisição de bens devem inscrever-se no local de realização da venda até ao início da mesma.

6 – Após identificação de cada bem ou lote de bens a vender, é concedida aos presentes a possibilidade de apresentação verbal de propostas de aquisição, em regime de leilão.

7 – O bem, ou lote de bens, é vendido ao proponente que apresente a proposta mais elevada, devendo o preço ser pago de imediato.

8 – O valor apurado deve ser entregue ao agente de execução no prazo máximo de dois dias úteis.

9 – Os bens adquiridos são entregues ao respectivo adquirente no prazo máximo de cinco dias úteis após a entrega ao agente de execução do produto da venda.

Artigo 7.º

Acta

Do resultado da venda é lavrada acta, que deve ser assinada pelo agente ou agentes de execução, pelo adquirente e pelo depositário.

Artigo 8.º

Entrada em vigor

A presente portaria entra em vigor no dia 15 de Setembro de 2003.

Pela Ministra da Justiça, João Luís Mota de Campos, Secretário de Estado Adjunto da Ministra da Justiça, em 14 de Agosto de 2003.

DECRETO-LEI n.º 200/2003, de 10 de Setembro

Aprova o modelo de requerimento executivo e prevê as respectivas formas de entrega

O Decreto-Lei n.º 38/2003, de 8 de Março, procedeu a uma reforma profunda do regime da acção executiva, procurando, entre outros objectivos, conferir maior celeridade à tramitação processual.

Para prossecução de tal objectivo, prevê-se a existência de modelos predefinidos para a prática de determinados actos, sejam eles actos das partes, da secretaria ou do agente de execução.

No que respeita aos actos a praticar pelas partes, prevê o n.º 2 do artigo 810.º do Código de Processo Civil que o requerimento executivo conste de modelo aprovado por decreto-lei.

A uniformização deste acto processual facilita o registo de dados pelas secretarias judiciais, assim como a verificação da conformidade do requerimento executivo com os requisitos legais.

Por outro lado, a quantidade de acções executivas cíveis entradas em cada ano nos tribunais, em número superior a 300000, aconselha à adopção de um sistema de tratamento automatizado das peças processuais com que se iniciam tais processos.

Assim, prevê-se a entrega do requerimento executivo através de transmissão electrónica de dados, única forma que permite à secretaria judicial o tratamento imediato e automatizado dos dados do processo.

Nos casos de patrocínio obrigatório, a entrega deve ser efectuada por esse meio electrónico, seguida da entrega da cópia de segurança em papel.

Quando a parte não haja constituído mandatário, por o patrocínio não ser obrigatório, a entrega poderá ser efectuada em suporte de papel, nos termos do modelo ora aprovado.

A parte que, estando obrigada à entrega por transmissão electrónica, o faça somente em suporte papel fica obrigada a proceder ao pagamento, em simultâneo com o acto de entrega, da quantia de metade de unidade de conta, através de estampilha.

Considerando o disposto no n.º 2 do artigo 810.º do Código de Processo Civil:

Assim:

Nos termos da alínea a) do n.º 1 do artigo 198.º da Constituição, o Governo decreta o seguinte:

Artigo 1.º
Objecto

O presente diploma aprova o modelo de requerimento executivo em suporte de papel, constante de anexo ao presente diploma, sendo dele parte integrante.

Artigo 2.º
Divulgação do modelo

A existência do modelo referido no artigo anterior deve ser divulgada aos utentes de forma adequada pelas respectivas secretarias judiciais.

Artigo 3.º
Entrega em formato digital

1 – Sem prejuízo do disposto no n.º 6 do artigo 150.º do Código de Processo Civil, o requerimento executivo deve ser entregue em formato digital, através de transmissão electrónica de dados, nos termos a regular por portaria do Ministro da Justiça.

2 – Ao requerimento executivo não se aplica o disposto na Portaria n.º 1178-E/2000, de 15 de Dezembro.

3 – A entrega do requerimento executivo em formato digital não dispensa a remessa à secretaria judicial da respectiva cópia de segurança e dos documentos que não hajam sido enviados.

4 – A parte que, estando obrigada à entrega por transmissão electrónica de dados, proceda à entrega do requerimento executivo apenas em suporte de papel fica obrigada ao pagamento imediato de uma multa, no valor de metade de unidade de conta, através de estampilha apropriada, de modelo aprovado pela Portaria n.º 233/2003, de 17 de Março, salvo alegação e prova de justo impedimento, nos termos previstos no artigo 146.º do Código de Processo Civil.

5 – O requerimento executivo pode igualmente ser entregue em lote, através de ficheiro informático, em termos a regular na portaria referida no n.º 1.

Artigo 4.º
Entrada em vigor

O presente diploma entra em vigor no dia 15 de Setembro de 2003, aplicando-se aos processos instaurados a partir desta data.

Visto e aprovado em Conselho de Ministros de 31 de Julho de 2003. – José Manuel Durão Barroso – João Luís Mota de Campos.

Promulgado em 2 de Setembro de 2003.

Publique-se.

O Presidente da República, JORGE SAMPAIO.

Referendado em 3 de Setembro de 2003.

O Primeiro-Ministro, *José Manuel Durão Barroso.*

REQUERIMENTO EXECUTIVO
Aprovado pelo Decreto-Lei n.º xxx/2003 de xx/03

CAPA

01 TRIBUNAL COMPETENTE, TÍTULO EXECUTIVO E VALOR

Tribunal Competente: 02
Finalidade da execução: 03
Título executivo: 04   N.º processo: 05
Valor da execução: 06   [Nas acções de valor superior à alçada do tribunal de primeira instância, o patrocínio por advogado, advogado estagiário ou solicitador é obrigatório. Neste caso, a parte está obrigada à entrega do requerimento executivo por via electrónica.]

02 RESERVADO À SECRETARIA

03 ANEXOS APRESENTADOS

Anexo	Descrição	Observações	Número de impressos apresentados
C1	Identificação de exequente(s)	Este anexo é obrigatório. Deve preencher tantos anexos quantos os exequentes.	02
C2	Identificação de solicitador de execução e mandatário	Este anexo é facultativo.	03
C3	Identificação de executado(s)	Este anexo é obrigatório. Deve preencher tantos anexos quantos os executados.	04
C4	Exposição de factos e liquidação	Este anexo é obrigatório.	05 |0|1|
C5	Dispensa de citação prévia	Este anexo é facultativo. Só deverá entregar em caso de ser aplicável algum dos pedidos ou situações previstas na descrição.	06
	Obrigação condicional ou dependente de prestação		
	Comunicabilidade da dívida ao cônjuge (n°2 art° 825°)		
C6	Identificação de outros intervenientes	Este anexo é facultativo.	07
C7	Declarações complementares	Este anexo é facultativo.	08
P1	Penhora de imóveis	Estes anexos destinam-se a indicar bens pertencentes ao executado. São facultativos.	09
P2	Penhora de veículos automóveis (móveis sujeitos a registo)		10
P3	Penhora de outros móveis sujeitos a registo		11
P4	Penhora de móveis não sujeitos a registo		12
P5	Penhora de créditos		13
P6	Penhora de direitos a bens indivisos, quotas em sociedade		14
P7	Penhora de títulos		15
P8	Penhora de rendas, abonos, vencimentos ou salários		16
P9	Penhora de depósitos bancários		17
	Título(s) executivo(s)	Deverá indicar o número de títulos executivos apresentados.	18
	Outros documentos	Deverá indicar o número de documentos complementares apresentados.	19
	Comprovativo de concessão de apoio judiciário	Este documento deve ser apresentado sempre tenha sido concedido ao exequente apoio judiciário.	20
	Comprovativo de pagamento de taxa de justiça N.º documento: 21	Este documento deve ser sempre apresentado, salvo se tiver sido concedido apoio judiciário.	22

Assinatura do exequente (ou mandatário): _____   Página nº ____ de um total de ____

REQUERIMENTO EXECUTIVO
Aprovado pelo Decreto-Lei n.º xxx/2003 de xx/xx

ANEXO C1

☒ 04 IDENTIFICAÇÃO DO EXEQUENTE

|0|4| [preencha este campo indicando o número de ordem do exequente. Se por exemplo forem 3 os exequentes deverá preencher 3 impressos C1, indicando o código 0401 no primeiro anexo, 0402 no segundo anexo e 0403 no terceiro anexo. Os campos sombreados não são de preenchimento obrigatório]

Nome/denominação:
Domicílio / morada:
Localidade: País:
Comarca: Freguesia:
Código Postal:
Telefone: Fax: Corr. electrónico:
NIB:

☐ PESSOA COLECTIVA

Natureza:
N.I.P.C.: |_|_|_|_|_|_|_|_|_| Matrícula: Conservatória:

☐ PESSOA INDIVIDUAL

Nacionalidade: País de naturalidade:
Concelho(naturalidade):   Freguesia(naturalidade):
Sexo: ☐ M   ☐ F   Data de nascimento: __/__/__   Estado civil:
Doc. identificação: n.º   de   emitido em:
Número fiscal: |_|_|_|_|_|_|_|_|_| Obriga a retenção na fonte ☐

Se este exequente é casado e o cônjuge também consta como exequente, preencha mais um impresso C1 e indique qual o código atribuído ao cônjuge |0|4| |

☐ 05 APOIO JUDICIÁRIO

[preencha este quadro só no caso de ter sido requerido apoio judiciário]

☐ Dispensa total

☐ Dispensa parcial

☐ Diferimento de pagamento

☐ Nomeação e pagamento de honorários de patrono ou pagamento de honorários do patrono escolhido pelo requerente

☐ Nomeação e pagamento da remuneração de solicitador de execução ou pagamento de honorários de solicitador escolhido pelo requerente

Atenção:
Terá de juntar declaração que concede apoio judiciário, salvo quando o apoio judiciário tenha sido concedido no processo declarativo que deu origem ao título executivo.

Preencha tantos anexos C1 quantos os necessários para identificar todos os exequentes

REQUERIMENTO EXECUTIVO
Aprovado pelo Decreto-Lei n.º xxx/2003 de xx/xx

ANEXO C2

06 IDENTIFICAÇÃO DO SOLICITADOR DE EXECUÇÃO

[Os campos sombreados não são de preenchimento obrigatório]

- Cédula Profissional:
- Nome:
- Domicílio:
- Localidade:
- Comarca:
- Freguesia:
- Código Postal:
- Telefone:
- Fax:
- Corr. electrónico:
- Número fiscal(indiv):
- NIB:
- Soc. Profissional:
- NIPC:

I.R.S.: ☐ DISPENSADO DE RETENÇÃO   ☐ COM RETENÇÃO NA FONTE

I.V.A.: ☐ SUJEITO À TAXA DE   ☐ ISENTO (ARTIGO   )

ASSINATURA DO SOLICITADOR DE EXECUÇÃO PARA ACEITAÇÃO

_____

07 IDENTIFICAÇÃO DO MANDATÁRIO

[Caso a parte constitua mandatário, está obrigada à entrega do requerimento executivo por meio electrónico. Procedendo à entrega em papel, através do presente modelo, a parte fica obrigada ao pagamento imediato de uma multa, no valor de ½ UC, através de estampilha]

[Os campos sombreados não são de preenchimento obrigatório]

Advogado: ☐   Advogado estagiário: ☐   Solicitador: ☐

- Cédula Profissional:
- Conselho distrital (só para advogados):
- Nome:
- Domicílio:
- Localidade:
- Comarca:
- Freguesia:
- Código Postal:
- Telefone:
- Fax:
- Corr. electrónico:
- Número fiscal(indiv):
- Soc. Profissional:
- NIPC:

I.R.S.: ☐ DISPENSADO DE RETENÇÃO   ☐ COM RETENÇÃO NA FONTE

I.V.A.: ☐ SUJEITO À TAXA DE   ☐ ISENTO (ARTIGO   )

Rubrica do exequente (ou mandatário): _____   Página nº ___ de um total de ___

REQUERIMENTO EXECUTIVO
Aprovado pelo Decreto-Lei n.º xxx/2003 de xx/xx

ANEXO C3

08 IDENTIFICAÇÃO DO EXECUTADO

|0|8| [vide instruções constantes do anexo C1]   ☐ DEVEDOR PRINCIPAL   ☐ DEVEDOR SUBSIDIÁRIO

- Nome/denominação:
- Domicílio / morada:
- Localidade:
- País:
- Comarca:
- Freguesia:
- Código Postal:
- Telefone:
- Fax:
- Corr. electrónico:

☐ **PESSOA COLECTIVA** [Preencha caso o executado seja pessoa colectiva]
- N.I.P.C: |_|_|_|_|_|_|_|_|_| Matrícula: Conservatória:

☐ **PESSOA INDIVIDUAL** [Preencha caso o executado seja pessoa individual]
- Nacionalidade:
- País de naturalidade:
- Concelho(naturalidade):
- Freguesia(naturalidade):
- Sexo: M☐ F☐
- Data de nascimento: / / (DD/MM/AAAA)
- Filiação(Pai / Mãe):   /
- Bilhete de identidade: de   emitido em   Número fiscal: |_|_|_|_|_|_|_|_|_|
- Outro documento: n.º: de / /   emitido em
- Estado civil: se casado indique o regime de casamento:

Se o cônjuge do aqui identificado é também executado preencha um novo impresso C3 e indique aqui o código atribuído ao cônjuge |0|8|
Se o cônjuge não é executado identifique-o no quadro **09** constante deste impresso.

- Morada opcional:
- Local de trabalho:
- Localidade:
- País:
- Comarca:
- Freguesia:
- Código Postal:
- Entidade Empregadora:
- Pessoa colectiva ☐
- Domicílio / morada:
- Localidade:
- Comarca:
- Freguesia:
- Código Postal:

09 IDENTIFICAÇÃO DO CÔNJUGE DO EXECUTADO (só no caso de não ser executado)

- Nome:
- Morada:
- Localidade:
- País:
- Comarca:
- Freguesia:
- Código Postal:
- Nacionalidade:
- País de naturalidade:
- Concelho(naturalidade):
- Freguesia(naturalidade):
- Bilhete de identidade: de / /   emitido em   Número fiscal: |_|_|_|_|_|_|_|_|_|

Rubrica do exequente (ou mandatário): _____   Página nº ____ de um total de ____

REQUERIMENTO EXECUTIVO
Aprovado pelo Decreto-Lei n.º xxx/2003 de xx/xx

ANEXO C4

☒ 10 EXPOSIÇÃO DOS FACTOS.

☐ CONSTAM EXCLUSIVAMENTE DO TÍTULO EXECUTIVO

☐ EXPOSIÇÃO DOS FACTOS quando não constem exclusivamente do título [preencha o campo 04 deste quadro]

☒ 11 LIQUIDAÇÃO DA OBRIGAÇÃO

☐ VALOR LÍQUIDO .... 03 |_|_|_|_|_|_|_|_|_|_|_|_|_|

☐ VALOR DEPENDENTE DE SIMPLES CÁLCULO ARITMÉTICO(a).. 05 |_|_|_|_|_|_|_|_|_|_|_|_|_|

☐ VALOR NÃO DEPENDENTE DE SIMPLES CÁLCULO ARITMÉTICO(a). 07 |_|_|_|_|_|_|_|_|_|_|_|_|_|

(a) Se indicou valor dependente de cálculo (seja este ou não aritmético) exponha como foi ou foram obtidos esses valores:

☐ 12 ESCOLHA DA PRESTAÇÃO (artigo 803º)

☐ PERTENCE AO EXEQUENTE [na exposição dos factos constante deste anexo (campo 04 do quadro 10) deve indicar os fundamentos da escolha]

☐ PERTENCE AO EXECUTADO

☐ PERTENCE A TERCEIRO [identifique o terceiro a quem incumbe a escolha no anexo C6]

Rubrica do exequente (ou mandatário): _____ Página nº ____ de um total de ____

REQUERIMENTO EXECUTIVO
Aprovado pelo Decreto-Lei n.º xxx/2003 de xx/xx

ANEXO C5

13 PEDIDO DE DISPENSA DE CITAÇÃO PRÉVIA (artigo 812º-B)

EXPOSIÇÃO DOS FACTOS

MEIOS DE PROVA
- [ ] Documental
- [ ] Testemunhal (preencha o anexo C6)

14 OBRIGAÇÃO CONDICIONAL OU DEPENDENTE DE PRESTAÇÃO (artigo 804º)

EXPOSIÇÃO DOS FACTOS

MEIOS DE PROVA
- [ ] Documental
- [ ] Testemunhal (preencha o anexo C6)

15 COMUNICABILIDADE DA DÍVIDA AO CÔNJUGE (nº 2 do artigo 825º)

EXPOSIÇÃO DOS FACTOS

Rubrica do exequente ou mandatário: _____

REQUERIMENTO EXECUTIVO
Aprovado pelo Decreto-Lei n.º xxx/2003 de xx/xx

ANEXO C7

17 DECLARAÇÕES COMPLEMENTARES

[Neste anexo poderá prestar declarações complementares a qualquer dos restantes anexos.
Exemplo: Se o espaço disponível para a exposição dos factos (anexo C4) não for suficiente deverá utilizar este impresso mencionando nos campos 02, 03 e 04 o seguinte: ANEXO C4 QUADRO 110 CAMPO 014]

As declarações visam complementar o referido no **ANEXO** [ ] , **QUADRO** [ ] **CAMPO** [ ]

Rubrica do exequente (ou mandatário) _____   Página nº ____ de um total de _____

REQUERIMENTO EXECUTIVO
Aprovado pelo Decreto-Lei n.º xxx/2003 de xx/xx

ANEXO P1

18 PENHORA DE BENS IMÓVEIS

|1|8| [Pode preencher tantos **ANEXOS P1** quantos os necessários para identificar os bens imóveis indicados à penhora. Deverá ser utilizado um anexo para cada imóvel indicado à penhora. No campo 02 deve indicar o número de ordem do bem imóvel indicado à penhora. Se por exemplo indicar dois imóveis deverá preencher dois impressos indicando os números |1|8|0|1| e |1|8|0|2|, respectivamente]

EXECUTADO OU EXECUTADOS A QUEM PERTENCE O BEM INDICADO À PENHORA:
Código 03 |0|8| Código 04 |0|8| Código 05 |0|8|
Código 06 |0|8| Código 07 |0|8| Código 08 |0|8|

[Nos campos 03 a 08 pode indicar a quem pertence o bem indicado à penhora. Exemplo: Se a execução é movida contra dois executados, mas o bem indicado pertence só ao primeiro executado deverá mencionar no campo 03 o código do executado constante do anexo C3, ou seja o número |0|8|0|1|]

IDENTIFICAÇÃO DO BEM:
Descrição sucinta: 09
                  10
Natureza: 11   [Rústico / Urbano / Misto]
Rua / lugar: 12
Localidade: 13   Concelho: 14
Comarca: 15   Freguesia: 16
Fracção Autónoma: 17

17 [ ] PRÉDIO NÃO DESCRITO
20 [ ] PRÉDIO DESCRITO SOB O NÚMERO 21   Cons. Registo Predial: 22
23 [ ] PRÉDIO OMISSO NA MATRIZ
24 [ ] PRÉDIO INSCRITO SOB O ARTIGO 25
        Serviço de Finanças de 26   Código do Serviço de Finanças 27

OBSERVAÇÕES
[Neste campo poderá prestar quaisquer observações complementares que possam auxiliar à concretização da penhora, bem assim como proceder a indicação de quaisquer eventuais interessados, tais como titulares de direito real (credor hipotecário, possuidor, etc), comproprietários, arrendatários, etc.]

29

REQUERIMENTO EXECUTIVO
Aprovado pelo Decreto-Lei n.º xxx/2003 de xx/xx

ANEXO P2

19 PENHORA DE VEÍCULOS AUTOMÓVEIS

02 |1|9| | [Pode preencher tantos **ANEXOS P2** quantos os necessários para identificar os automóveis indicados à penhora. Deverá ser utilizado um anexo para cada veículo indicado à penhora. No campo 02 deve indicar o número de ordem do veículo indicado à penhora. Se por exemplo indicar dois automóveis deverá preencher dois impressos indicando os números |1|9|0|1| e 1|9|0|2|, respectivamente]

EXECUTADO OU EXECUTADOS A QUEM PERTENCE O BEM INDICADO À PENHORA:
[Nos campos 03 a 08 pode indicar a quem pertence o bem indicado à penhora. Exemplo: Se a execução é movida contra dois executados, mas o bem indicado pertence só ao primeiro executado deverá mencionar no campo 03 o código do executado constante do anexo C3, ou seja o número |0|8|0|1|]

Código 03 |0|8| | Código 04 |0|8| | Código 05 |0|8| |
Código 06 |0|8| | Código 07 |0|8| | Código 08 |0|8| |

IDENTIFICAÇÃO DO BEM
Matrícula: 15 Conservatória: 16
Tipo: 17 Marca: 18
Modelo: 19 Cor: 19

POSSÍVEL LOCALIZAÇÃO
Morada: 18
Localidade: 19 Concelho: 20
Comarca: 21 Freguesia: 22

OBSERVAÇÕES
[Neste campo poderá prestar quaisquer observações complementares que possam auxiliar à concretização da penhora, bem como proceder à indicação de quaisquer eventuais interessados, tais como titulares de direito real (credor hipotecário, possuidor, etc), comproprietários, locatário, etc.]

Rubrica do exequente (ou mandatário): _____ Página nº ____ de um total de ____

REQUERIMENTO EXECUTIVO
Aprovado pelo Decreto-Lei n.º xxx/2003 de xx/xx

ANEXO P3

20 PENHORA DE OUTROS MÓVEIS SUJEITOS A REGISTO

02 |2|0| | [Pode preencher tantos **ANEXOS P3** quantos os necessários para identificar os bens indicados à penhora. Deverá ser utilizado um anexo para cada bem indicado à penhora. No campo 02 deve indicar o número de ordem do bem indicado à penhora. Se por exemplo indicar dois bens desta natureza, deverá preencher dois impressos indicando os números |2|0|0|1| e |2|0|0|2|, respectivamente]

EXECUTADO OU EXECUTADOS A QUEM PERTENCE O BEM INDICADO À PENHORA:
[Nos campos 03 a 08 pode indicar a quem pertence o bem indicado à penhora. Exemplo: Se a execução é movida contra dois executados, mas o bem indicado pertence só ao primeiro executado deverá mencionar no campo 03 o código do executado constante do anexo C3, ou seja o número |0|8|0|1|.]

Código 03 |0|8| | Código 04 |0|8| | Código 05 |0|8| |
Código 06 |0|8| | Código 07 |0|8| | Código 08 |0|8| |

IDENTIFICAÇÃO
Tipo: 09   Matrícula/registo: 10
Descrição: 11
Entidade de Registo: 12

POSSÍVEL LOCALIZAÇÃO
Morada: 13
Localidade: 14   Concelho: 15
Comarca: 16   Freguesia: 17

OBSERVAÇÕES
[Neste campo poderá prestar quaisquer observações complementares que possam auxiliar à concretização da penhora, bem como proceder à indicação de quaisquer eventuais interessados, tais como titulares de direito real (credor hipotecário, possuidor, etc), comproprietários, locatário, etc.]

18

Rubrica do exequente (ou mandatário):   Página nº ____ de um total de ____

REQUERIMENTO EXECUTIVO
Aprovado pelo Decreto-Lei n.º xxx/2003 de xx/xx

ANEXO P4

21 PENHORA DE OUTROS MÓVEIS NÃO SUJEITOS A REGISTO

02 |2|1| | [Pode preencher tantos **ANEXOS P4** quantos os necessários para identificar os bens indicados à penhora. Deverá ser utilizado um anexo para cada dois bens indicados à penhora. No campo 02 deve indicar o número de ordem do bem indicado à penhora. Se por exemplo indicar dois bens desta natureza, deverá preencher indicando os números |2|1|0|1| e |2|1|0|2|, respectivamente]

EXECUTADO OU EXECUTADOS A QUEM PERTENCE O BEM INDICADO À PENHORA: [vide instruções constantes do anexo P1]
Código 03 |0|8| | Código 04 |0|8| | Código 05 |0|8| |
Código 06 |0|8| | Código 07 |0|8| | Código 08 |0|8| |

DESCRIÇÃO:
09

POSSÍVEL LOCALIZAÇÃO
Morada: 10
Localidade: 11   Concelho: 12
Comarca: 13   Freguesia: 14

OBSERVAÇÕES [Neste campo poderá prestar quaisquer observações complementares que possam auxiliar à concretização da penhora, bem como proceder à indicação de quaisquer eventuais interessados tais como titulares de direito real (exemplo penhor, direito de retenção, etc.), comproprietários, locatário, etc.]
15

---

02 |2|1| | [preencha tantos anexos quantos os necessários para identificar os bens indicados à penhora]

EXECUTADO OU EXECUTADOS A QUEM PERTENCE O BEM INDICADO À PENHORA: [vide instruções constantes do anexo P1]
Código 03 |0|8| | Código 04 |0|8| | Código 05 |0|8| |
Código 06 |0|8| | Código 07 |0|8| | Código 08 |0|8| |

DESCRIÇÃO:
09

POSSÍVEL LOCALIZAÇÃO
Morada: 10
Localidade: 11   Concelho: 12
Comarca: 13   Freguesia: 14

OBSERVAÇÕES
15

Rubrica do exequente (ou mandatário): _____   Página n.º ____ de um total de ____

REQUERIMENTO EXECUTIVO
Aprovado pelo Decreto-Lei n.º xxx/2003 de xx/xx

ANEXO P5

22 PENHORA DE CRÉDITOS

|2|2| | [Pode preencher tantos **ANEXOS P5** quantos os necessários para identificar os bens indicados à penhora. Deverá ser utilizado um anexo para cada bem indicado à penhora. No campo 02 deve indicar o número de ordem do bem indicado à penhora. Se por exemplo indicar dois bens desta natureza, deverá preencher dois impressos indicando os números |2|2|0|1| e |2|2|0|2|, respectivamente]

EXECUTADO OU EXECUTADOS A QUEM PERTENCE O BEM INDICADO À PENHORA:
[Indique o código do executado ou executados a quem pertence o direito de crédito. Se, por exemplo, o direito de crédito pertencer ao primeiro executado indique o código deste |0|8|0|1|]

Código |0|8| | Código |0|8| | Código |0|8| |
Código |0|8| | Código |0|8| | Código |0|8| |

DESCRIÇÃO:
[Descreva aqui qual a origem do crédito]

IDENTIFICAÇÃO DO DEVEDOR:
[Identifique aqui quem é a pessoa ou a entidade devedora do crédito ao executado]

Nome/denominação:
Domicílio / morada:
Localidade: País:
Comarca: Freguesia:
Código Postal:
Telefone: Fax: Corr. electrónico:

☐ **PESSOA COLECTIVA**

Natureza:
N.I.P.C.: |_|_|_|_|_|_|_|_|_| Matrícula: Conservatória:

☐ **PESSOA INDIVIDUAL**

Nacionalidade: País de naturalidade:
Concelho (naturalidade):   Freguesia (naturalidade):
Sexo: M ☐ F ☐   Data de nascimento: / /   Estado civil:
Doc. identificação: n.º   de / /   emitido em
Número fiscal: |_|_|_|_|_|_|_|_|_|

REQUERIMENTO EXECUTIVO
Aprovado pelo Decreto-Lei n.º xxx/2003 de xx/xx

ANEXO P6

01 ☐ **23 PENHORA DE DIREITOS A BENS INDIVISOS, QUOTAS EM SOCIEDADE**

02 |2|3| | [Pode preencher tantos **ANEXOS P6** quantos os necessários para identificar os bens indicados à penhora. Deverá ser utilizado um anexo para cada bem indicado à penhora. No campo 02 deve indicar o número de ordem do bem indicado à penhora. Se por exemplo indicar à penhora dois bens desta natureza, deverá preencher dois impressos indicando os números |2|3||0|1| e |2|3||0|2|, respectivamente]

EXECUTADO OU EXECUTADOS A QUEM PERTENCE O BEM INDICADO À PENHORA:
[Indique o código do executado ou executados a quem pertence o direito. Se, por exemplo, pertencer ao primeiro executado indique o código deste, tal como indicado no Anexo C3: |0|8||0|1|]

Código 03 |0|8| | Código 04 |0|8| | Código 05 |0|8| |
Código 06 |0|8| | Código 07 |0|8| | Código 08 |0|8| |

DESCRIÇÃO:
[Descreva aqui qual o bem indicado e a identificação dos contitulares (nome e morada)]

09

IDENTIFICAÇÃO DO ADMINISTRADOR:
[Indique aqui qual a pessoa ou entidade que responsável pela administração]

Nome/denominação: 10
Domicílio / morada: 11
Localidade: 12   País: 13
Comarca: 14   Freguesia: 15
Código Postal: 16   17
Telefone: 18   Fax: 19   Corr. electrónico: 20

21 ☐ **PESSOA COLECTIVA**
Natureza: 22
N.I.P.C: 23 |_|_|_|_|_|_|_|_|_| Matrícula: 24   Conservatória: 25

21 ☐ **PESSOA INDIVIDUAL**
Nacionalidade: 26   País de naturalidade: 27
Concelho(naturalidade): 28 Freguesia(naturalidade): 29
Sexo: 30 M ☐   31 F ☐   Data de nascimento: 32 / /   Estado civil: 33
Doc. identificação: 34   n°: 35   de 36 / /   emitido em 37
Número fiscal: 38 |_|_|_|_|_|_|_|_|

Rubrica do exequente (ou mandatário): _____

REQUERIMENTO EXECUTIVO
Aprovado pelo Decreto-Lei n.º xxx/2003 de xx/xx

ANEXO P7

24 PENHORA DE TÍTULOS

|2|4| [Pode preencher tantos **ANEXOS P7** quantos os necessários para identificar os bens indicados à penhora. Deverá utilizar um anexo para cada bem indicado à penhora. No campo 02 deve indicar o número de ordem do bem indicado à penhora. Se por exemplo indicar à penhora dois bens desta natureza, deverá preencher dois impressos indicando os números |2|4|0|1| e |2|4|0|2|, respectivamente]

EXECUTADO OU EXECUTADOS A QUEM PERTENCE O BEM INDICADO À PENHORA:
[Indique o código do executado ou executados quem pertence o título. Se, por exemplo, pertencer ao primeiro executado indique o código deste: |0|8|0|1|]

Código 03 |0|8| | Código 04 |0|8| | Código 05 |0|8| |
Código 06 |0|8| | Código 07 |0|8| | Código 08 |0|8| |

DESCRIÇÃO:
[Descreva aqui, com o máximo de informação, qual o título que pretende indicar à penhora]

DETENTOR DO TÍTULO:
[indique aqui qual a pessoa ou entidade que responsável pela guarda do título]

Nome/denominação: 10
Domicílio / morada: 11
Localidade: 12   País: 13
Comarca: 14   Freguesia: 15
Código Postal: 16   17
Telefone: 18   Fax: 19   Corr. electrónico: 20

☐ **PESSOA COLECTIVA**
Natureza: 22
N.I.P.C: 23 |_|_|_|_|_|_|_|_|_| Matrícula: 24   Conservatória: 25

☐ **PESSOA INDIVIDUAL**
Nacionalidade: 26   País de naturalidade: 27
Concelho(naturalidade): 28   Freguesia(naturalidade): 29
Sexo: 30 M   31 F   Data de nascimento: 32 / /   Estado civil: 33
Doc. identificação: 34   n°: 35   de 36 / /   emitido em 37
Número fiscal: 38 |_|_|_|_|_|_|_|_|_|

Rubrica do exequente (ou mandatário):   Página nº ____ de um total de ____

REQUERIMENTO EXECUTIVO
Aprovado pelo Decreto-Lei n.º xxx/2003 de xx/xx

ANEXO P8

01 ☐ **25 PENHORA DE RENDAS, ABONOS, VENCIMENTOS OU SALÁRIOS [art. 861º]**

02 |2|5| | [Pode preencher tantos **ANEXOS P8** quantos os necessários para identificar os bens indicados à penhora. Deverá utilizar um anexo para cada bem indicado à penhora. No campo 02 deve indicar o número de ordem do bem indicado à penhora. Se por exemplo indicar à penhora dois bens desta natureza, deverá preencher dois impressos indicando os números |2|5|0|1| e |2|5|0|2|, respectivamente]

EXECUTADO OU EXECUTADOS COM DIREITO AO RENDIMENTO:
[Indique o código do executado ou executados quem pertence o direito. Se, por exemplo, pertencer ao primeiro executado indique o código deste: |0|8|0|1|]

| Código 03 |0|8| | | Código 04 |0|8| | | Código 05 |0|8| | |
| Código 06 |0|8| | | Código 07 |0|8| | | Código 08 |0|8| | |

TIPO DE RENDIMENTO: 10 _____ [Renda; Abono; vencimento; salário; outros rendimentos periódicos]

DESCRIÇÃO:
[Descreva aqui a origem do rendimento e qualquer outra informação que possa mostrar-se relevante para a concretização da penhora]
09

PESSOA OU ENTIDADE RESPONSÁVEL PELO PAGAMENTO:

Nome/denominação: 10
Domicílio / morada: 11
Localidade: 12   País: 13
Comarca: 14   Freguesia: 15
Código Postal: 16   17
Telefone: 18   Fax: 19   Corr. electrónico: 20

21 ☐ **PESSOA COLECTIVA**
Natureza: 22
N.I.P.C.: 23 |_|_|_|_|_|_|_|_| Matrícula: 24   Conservatória: 25

21 ☐ **PESSOA INDIVIDUAL**
Nacionalidade: 26   País de naturalidade: 27
Concelho(naturalidade): 28   Freguesia(naturalidade): 29
Sexo: 30 M   31 F   Data de nascimento: 32 / /   Estado civil: 33
Doc. identificação: 34   nº: 35   de 36 / /   emitido em 37
Número fiscal: 38 |_|_|_|_|_|_|_|_|_|

Rubrica do exequente (ou mandatário): _____   Página nº ____ de um total de ____

REQUERIMENTO EXECUTIVO
Aprovado pelo Decreto-Lei n.º xxx/2003 de xx/xx

ANEXO P9

26 PENHORA DE DEPÓSITOS BANCÁRIOS [art. 861.º-A]

02 |2|6| | [Neste anexos deverá indicar as contas ou outros produtos financeiros do executado. Em cada **ANEXO P9** poderá indicar várias contas e produtos financeiros pertencentes ao mesmo executado ou executados. Exemplo: Se indicar uma conta bancária que pertence a dois executados deverá indicar nos campos 03 e 04 o respectivo código de executado ou seja |0|8|0|1| e |0|8|0|2|. No entanto, se pretender indicar duas contas bancárias de executados distintos, deverá utilizar dois impressos distintos, numerando-os com os códigos |2|6|0|1| e |2|6|0|2|, respectivamente]

EXECUTADO OU EXECUTADOS TITULARES DAS CONTAS OU DAS APLICAÇÕES FINANCEIRAS:
[Indique o código do executado ou executados quem pertence. Se, por exemplo, pertencer ao primeiro executado indique o código deste: |0|8|0|1|]

Código 03 |0|8| | Código 04 |0|8| | Código 05 |0|8| |
Código 06 |0|8| | Código 07 |0|8| | Código 08 |0|8| |

CONTAS BANCÁRIAS

N.º da conta: 22 _____   Banco: 23 _____
N.º da conta: 24 _____   Banco: 25 _____
N.º da conta: 26 _____   Banco: 27 _____
N.º da conta: 28 _____   Banco: 29 _____
N.º da conta: 30 _____   Banco: 31 _____
N.º da conta: 32 _____   Banco: 33 _____
N.º da conta: 34 _____   Banco: 35 _____

OUTRAS APLICAÇÕES

Descrição: 36 _____   Instituição: 37 _____
Descrição: 38 _____   Instituição: 39 _____
Descrição: 40 _____   Instituição: 41 _____
Descrição: 42 _____   Instituição: 43 _____
Descrição: 44 _____   Instituição: 45 _____
Descrição: 46 _____   Instituição: 47 _____
Descrição: 48 _____   Instituição: 49 _____
Descrição: 50 _____   Instituição: 51 _____
Descrição: 52 _____   Instituição: 53 _____

Rubrica do exequente (ou mandatário): _____

REQUERIMENTO EXECUTIVO — ANEXO INSTRUÇÕES

INTRODUÇÃO

O presente impresso, destina-se ao uso do exequente, para execuções em que não seja obrigatório o patrocínio por advogado, advogado estagiário ou solicitador.

Caso o exequente esteja obrigado a constituir mandatário, o preenchimento deste requerimento executivo deve ser substituído pela utilização da versão electrónica através da página de Internet www.tribunaisnet.mj.pt, sob pena de pagamento de uma multa no valor de ½ UC, através de estampilha aprovada pela Portaria n.º 233/2003, de 17 de Março.

Para além da respectiva capa, o requerimento executivo encontra-se estruturado em anexos, quadros e campos. Todas as instruções serão sempre referentes a alguma destas secções.

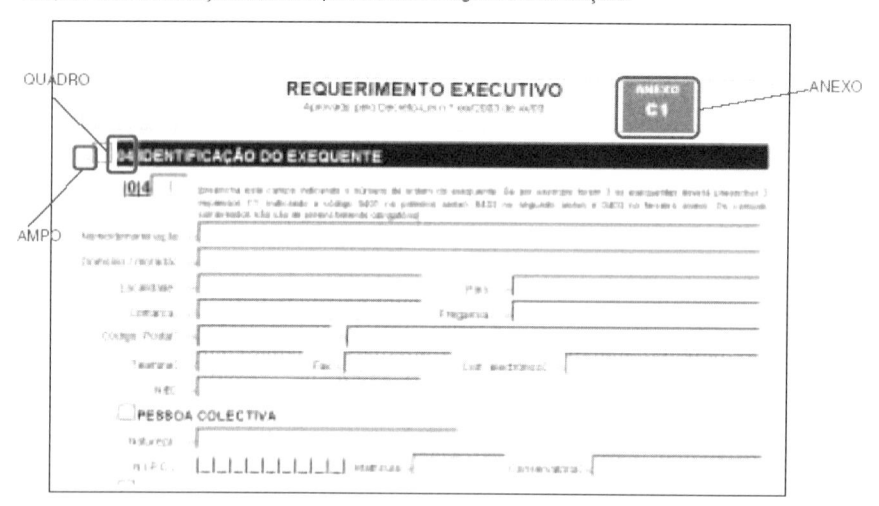

O requerimento executivo encontra-se dividido num total de 17 anexos, identificados de **C1** a **C7** e de **P1** a **P9**. Os anexos **C** destinam-se identificar as partes intervenientes, os fundamentos da execução, e outros pedidos directamente ligados ao processo. Os anexos **P** destinam-se a indicar bens à penhora, não sendo assim de preenchimento obrigatório. A **CAPA** do requerimento executivo resume o conteúdo do mesmo, especificando quais os anexos entregues.

Só é obrigatória a entrega da **CAPA** e dos anexos **C1**, **C3** e **C4**. Os restantes anexos só devem ser entregues caso o exequente entenda serem aplicáveis ao caso concreto.

No fundo de cada um dos anexos encontra-se um espaço destinado à assinatura ou rubrica do exequente (ou do mandatário quando for caso disso), bem assim para numerar as páginas que compõem o requerimento executivo. Nesta numeração não se incluem os documentos que se anexam ao requerimento.

REQUERIMENTO EXECUTIVO

ANEXO INSTRUÇÕES

CAPA

Destina-se a resumir um conjunto de informação que resulta do requerimento executivo, bem assim a identificar os anexos e documentos que são entregues.

Quadro	Campo	OBSERVAÇÕES
01	02	Tribunal competente para a execução (ter particular atenção ao disposto nos artigos 90º e 94º do CPC.). O requerimento executivo é entregue na secretaria do Tribunal competente.
	03	Finalidade da execução, ou seja: Pagamento de quantia certa; Entrega de coisa certa; Prestação de Facto
	04	Título executivo para sustenta o pedido: Decisão Arbitral; Requerimento de Injunção; Documento Autêntico ou Autenticado; Documento Particular com Reconhecimento Presencial de Assinatura; Documento Particular; Cheque; Letra; Livrança; Outro.
	05	Caso o título executivo seja judicial, deve indicar-se o número do processo em que o mesmo se formou.
	06	O valor da execução resulta da soma dos valores constantes quadro **11** do anexo **C4**. Nas acções de valor superior à alçada do tribunal de primeira instância, o patrocínio por advogado, advogado estagiário ou solicitador é obrigatório. Nas acções de valor superior à alçada do tribunal da relação é obrigatória a constituição de advogado. Nestes casos, a parte está obrigada à entrega do requerimento executivo por via electrónica.
02		Este quadro é reservado ao uso da secretaria do Tribunal.
03	2 a 20 22	Nestes campos deve ser indicado quantos impressos são entregues de cada um dos anexos, bem assim como quantos documentos são juntos com o requerimento executivo (por exemplo, se a execução for movida contra duas pessoas, terá de preencher dois anexos **C3**, indicando tal facto no campo 04 deste quadro)
	21	Este campo destina-se a indicar o nº do documento de auto liquidação da taxa de justiça. No caso de ter sido concedido apoio judiciário não é necessário preencher este campo.

ANEXO C1

Este anexo destina-se à identificação do exequente, bem como à informação sobre se o exequente beneficia de apoio judiciário. Os campos a sombreado não são de preenchimento obrigatório.

Quadro	Campo	OBSERVAÇÕES
04	02	Mencione o número de ordem do exequente, isto é, se a acção é movida por um só exequente deve apresentar um único anexo C1 em que se inscreve o código 0|4|0|1. No entanto, se forem dois os exequentes terá que preencher dois anexos C1, indicando no primeiro o código 0|4|0|1 e no segundo o código 0|4|0|2.
	03	Indique sempre o nome completo do exequente. No caso de este ser pessoa colectiva, indique-o tal como consta do cartão de identificação de pessoa colectiva. Sendo pessoa individual, indique-o como consta do Bilhete de Identidade.
	04 a 10	É essencial que preencha os campos de domicílio/morada com a máxima precisão, para que todas as comunicações possam fazer-se sem dificuldades.
	11 a 13	Estes campos não são de preenchimento obrigatório. No entanto, caso não seja constituído mandatário é essencial que indique os seus contactos telefónicos e de correio electrónico para que se torne mais facilitado o contacto com o agente de execução.
	14	NIB - Indique o seu número de identificação bancária caso pretenda que as quantias cobradas pelo agente de execução possam ser-lhe entregues por crédito em conta.
	15	No caso de o exequente ser pessoa colectiva coloque uma cruz.
	16	A utilizar apenas se o exequente for pessoa colectiva. Indique a caracterização jurídica do exequente. Por exemplo: sociedade por quotas, sociedade anónima, cooperativa, etc.
	17	A utilizar apenas se o exequente for pessoa colectiva. É essencial indicar o número de identificação de pessoa colectiva. Verifique o número introduzido por confronto com o cartão de identificação de pessoa colectiva ou outro documento oficial.
	18 e 19	A utilizar apenas se o exequente for pessoa colectiva. No caso de se tratar de pessoa colectiva sujeita a registo comercial, indique sempre que possível o número da matrícula e a Conservatória onde se encontra registada.
	20	No caso de o exequente ser pessoa individual coloque uma cruz
	21 a 27	A utilizar apenas se o exequente for pessoa individual. Indique, sempre que possível, estes dados. A data de nascimento é preenchida com dia, mês e ano (exp. 10/09/1980)
	28	A utilizar apenas se o exequente for pessoa individual. Estado civil: Solteiro, casado, divorciado, viúvo, separado.
	29	A utilizar apenas se o exequente for pessoa individual. Documento de identificação: Bilhete de Identidade, Passaporte, Carta de Condução, etc.
	30 a 32	A utilizar apenas se o exequente for pessoa individual. Nº do documento de identificação, data de emissão e local.
	33	É essencial a correcta indicação do número fiscal. Verifique o número introduzido por confronto com o cartão de identificação fiscal.
	34	Se o exequente for empresário ou profissional liberal e a execução for movida nessa qualidade deve indicar se este está obrigado a efectuar retenção da fonte nos pagamentos que efectuar a terceiros. Esta informação é importante para que sejam cumpridas as obrigações fiscais nos pagamentos a efectuar ao Mandatário (quando exista) e ao Solicitador de Execução.
	35	Se o exequente for casado e o seu cônjuge deva também intervir como exequente, terá de preencher dois anexos **C1** indicando aqui, qual o código do anexo onde se encontra identificado o cônjuge (campo 02)
05	01	No caso de ter requerido apoio judiciário coloque uma cruz neste campo e indique quais dos campos 02 a 06 são aplicáveis.

REQUERIMENTO EXECUTIVO — ANEXO INSTRUÇÕES

ANEXO C2

Este anexo destina-se à identificação do Solicitador de Execução e do Mandatário. A designação de Solicitador de Execução não é obrigatória. Caso não seja designado Solicitador de Execução, este será automaticamente designado pela Secretaria por entre os Solicitadores inscritos na comarca do Tribunal competente para o processo. Para uma maior celeridade processual tente sempre obter a aceitação prévia do Solicitador de Execução (mediante assinatura do solicitador de execução no final deste quadro).

Quadro	Campo	OBSERVAÇÕES
06	01	Coloque uma cruz caso designe Solicitador de Execução.
	02	Número da cédula profissional.
	03	Nome ou nome profissional.
	05 a 09	Domicílio profissional do Solicitador de Execução (ter em atenção que o Solicitador de Execução tem de ter domicílio profissional na comarca ou na comarca limítrofe à do Tribunal competente).
	13	Número fiscal do Solicitador de Execução.
	14	NIB da conta cliente do Solicitador de Execução, onde serão depositadas as importâncias a serem entregues ao Solicitador (provisões para honorários, despesas, pagamentos do executado, etc.).
	15 e 16	No caso do Solicitador de Execução pertencer a uma sociedade profissional deve ser indicado o nome da sociedade e o número de identificação de pessoa colectiva.
	17 a 21	Sempre que haja aceitação do Solicitador de Execução, devem ser preenchidos estes campos.
07	01	No caso de não ter sido constituído mandatário, não preencha este quadro. No caso de ter sido constituído mandatário, a parte está obrigada à entrega do requerimento executivo por via electrónica.
	02 a 04	Coloque uma cruz na qualidade de mandatário. Vide instruções ao quadro 01, campo 05, no que respeita à obrigação de constituição de mandatário.
	05 e 06	No caso do mandatário ser advogado ou advogado estagiário indique qual o Conselho Distrital da Ordem dos Advogados a que pertence.
	07 a 21	Preencher com os dados pessoais do mandatário.

ANEXO C3

Este anexo destina-se a identificar o executado. É essencial que o exequente faculte o máximo de informação, para que o agente de execução possa promover as várias diligências processuais com a máxima celeridade.

Quadro	Campo	OBSERVAÇÕES
08	02	Mencione o número de ordem do executado, isto é, se a acção é movida contra um só executado terá de apresentar um único anexo C3 em que inscreve o número I018|01|. No entanto, se forem dois os executados terá que preencher dois anexos C3, indicando no primeiro o código I018|01| e no segundo o código I018|02| e assim sucessivamente.
	03 e 04	Indique se o executado é devedor principal ou subsidiário (por exemplo, fiador). Se colocar uma cruz no campo 03 não poderá utilizar o campo 04.
	05	É essencial uma correcta identificação do nome ou denominação do executado. Sempre que possível verifique previamente o nome com fotocópia de documentos de identificação que tenha em seu poder. Não utilize abreviaturas dos nomes. No caso de o executado ser pessoa colectiva, pode verificar a denominação completa na página informática da Direcção-Geral de Registos e Notariado (www.dgrn.mj.pt), na secção referente à base de dados de firmas e denominações.
	05 a 15	A correcta identificação da morada e contactos do executado permitem uma maior celeridade na condução do processo. Preencha estes elementos da forma mais completa possível. Dados como o código postal podem ser obtidos em www.ctt.pt
	16	No caso de o executado ser pessoa colectiva, coloque uma cruz.
	17	A utilizar apenas se o exequente for pessoa colectiva. É obrigatória a indicação do NIPC. Verifique o número introduzido por confronto com o cartão de identificação de pessoa colectiva ou outro documento, tais como facturas, recibos, etc. Pode igualmente obter esta informação junto da Conservatória do Registo Comercial.
	18	A utilizar apenas se o exequente for pessoa colectiva. No caso de se tratar de pessoa colectiva sujeita a registo comercial, indique sempre que possível o número da matrícula e a Conservatória onde se encontra registada.
	21 a 39	A utilizar apenas se o exequente for pessoa individual. Indique sempre que possível estes dados. A data de nascimento é preenchida como dia, mês e ano (exp. 10/09/1980). Dados como a data de nascimento, naturalidade e filiação são importantes na confirmação e obtenção de informação adicional sobre o executado e o seu património.
	40	Tenha especial atenção no preenchimento deste campo. Caso o executado seja casado, terá de indicar a identificação do cônjuge, preenchendo os campos do quadro 09. No entanto, se ambos os cônjuges são executados então terá de preencher dois impressos C3. No primeiro impresso terá de indicar no campo 02: I018|01| e no campo 40: I018|02| (ou seja que o executado identificado como I018|01| é casado com o executado identificado como I018|02|.
	41 a 48	Indique sempre que possível alguma morada opcional do executado (por exemplo, uma segunda residência). Se a morada indicada for a do local de trabalho coloque uma cruz no campo 42.
	49 a 56	Se souber qual a entidade patronal do executado indique os elementos de que dispõe. Esta indicação é importante com vista à rápida realização da citação e/ou penhora.
09	01	Se o executado for casado e a execução não for movida contra o cônjuge, coloque um cruz neste campo e faculte o máximo de informação disponível preenchendo os campos 02 a 17. Tenha em atenção que sempre que pretenda invocar a comunicabilidade da dívida, deve indicar o cônjuge do devedor também como executado (ver instruções sobre o campo 40 do quadro 08).

REQUERIMENTO EXECUTIVO

ANEXO INSTRUÇÕES

ANEXO C4

Este anexo destina-se à exposição dos factos, à determinação do valor (liquidação) e à escolha da prestação (sempre que esta tenha lugar).

Quadro	Campo	OBSERVAÇÕES
10	02	Se os factos que sustentam a execução constarem exclusivamente do título coloque uma cruz neste campo.
10	03	Se os factos não constam exclusivamente do título então coloque uma cruz neste campo e exponha os factos no campo 04 (se não for suficiente o espaço disponível poderá continuar a exposição no anexo **C7**).
11	02 e 03	Se o valor é líquido coloque uma cruz neste campo e indique o valor no campo 03. Se a quantia exequenda for composta, em parte por valor líquido e noutra parte por valores ilíquidos, preencha também os campos 04 e 05 (para valores determináveis por simples cálculo aritmético) / 06 e 07 (para valores que não são determináveis por simples cálculo aritmético).
11	04 e 05	Se o valor for determinável por simples cálculo aritmético, (por exemplo, juros) coloque uma cruz no campo 04 e indique o valor no campo 05. Terá de expor a origem e forma de cálculo desse valor no campo 08.
11	05 e 06	Estes campos devem ser preenchidos sempre que o valor não seja determinável por simples cálculo aritmético. Caso utilize estes campos, terá também que expor a origem e forma de cálculo desse valor no campo 08.
11	08	Destina-se à exposição dos factos e formas de cálculo referidos nos campos 04 a 06.
12	01	Quando haja lugar a escolha de prestação, coloque uma cruz neste campo e indique a quem pertence a escolha.
12	02	Se a escolha pertencer ao exequente deve colocar uma cruz neste campo, não esquecendo que terá também de expor os factos no campo 04 do quadro **10**.
12	03	Coloque uma cruz no caso de a escolha da prestação pertencer ao executado (o agente de execução pela análise do título irá determinar qual ou quais os executados a quem incumbe a escolha).
12	04	Se a escolha pertencer a terceiro terá, para além de colocar uma cruz neste campo, de preencher o anexo **C6** aí identificando o terceiro a quem compete a escolha.

ANEXO C5

Este anexo destina-se ao pedido de dispensa de citação prévia, obrigação condicional e comunicabilidade da dívida ao cônjuge do devedor.

Quadro	Campo	OBSERVAÇÕES
13	01 e 02	Sempre que haja lugar à citação prévia do executado(s) pode requerer, nos termos do artigo 812º-B a dispensa da realização desta. Caso venha a ser deferida, o Agente de Execução irá promover a penhora sem que, previamente, cite o executado. Se seleccionar este campo, terá de expor os motivos no campo 02 e indicar os meios de prova (documental campo 03 e testemunhal no campo 04).
13	03	A prova documental é apresentada simultaneamente com o requerimento executivo.
13	04	A identificação das testemunhas é feita no anexo **C6**.
14	01	Caso a obrigação esteja dependente de condição ou do cumprimento de uma prestação por parte do credor ou de terceiro terá de preencher este campo.
14	02 a 04	Ver instruções do quadro **13**, campos 03 e 04.
15	01 e 02	Caso pretenda invocar a comunicabilidade da dívida ao cônjuge deverá preencher este quadro. Tenha em atenção que deverá preencher um anexo **C6**, aí identificando o cônjuge como executado.

ANEXO C6

Este anexo destina-se a identificar outros intervenientes no processo, como por exemplo as testemunhas indicadas para sustentar alguns dos pedidos, o terceiro ou terceiros a quem cabe a escolha da prestação, etc. Cada impresso permite identificar dois intervenientes.

Quadro	Campo	OBSERVAÇÕES
16	01	Coloque uma cruz caso haja lugar ao preenchimento deste anexo.
16	02 a 04	Ver instruções no próprio impresso.
16	05 a 32	Ver as instruções para preenchimento do anexo **C1** (identificação do exequente).

ANEXO C7

Este anexo destina-se a complementar as declarações prestadas noutros impressos. Poderá preencher tantos impressos quantos os necessários. Veja as instruções constante do próprio impresso.

ANEXOS P1 a P9

Estes impressos destinam-se à indicação dos bens pertencentes ao executado. Não sendo obrigatória a indicação de quaisquer bens, as informações relativas aos mesmos podem revelar-se essenciais para uma rápida concretização da penhora e consequente recuperação do crédito. Siga as instruções constantes dos respectivos impressos.

DECRETO-LEI n.º 201/2003, de 10 de Setembro

Regula o registo informático de execuções previsto no Código de Processo Civil

O novo regime jurídico da acção executiva, aprovado pelo Decreto-Lei n.º 38/2003, de 8 de Março, tem como objectivo claro a simplificação e aperfeiçoamento do actual processo executivo, pondo termo a uma excessiva morosidade para a qual contribuía a forte jurisdicionalização e rigidez dos actos praticados no âmbito do mesmo.

Nessa medida, com o intuito de evitar o impulso processual que venha a revelar-se improfícuo, mas sobretudo de agilizar a fase processual da penhora, conferindo-lhe maior eficácia, o novo regime do processo executivo prevê a existência de um registo informático das execuções.

Pretende-se ainda, com este registo, prevenir potenciais litígios jurisdicionais através do acesso concedido à informação dele constante por parte de quem tenha uma relação contratual ou pré-contratual com o titular dos dados.

Cabe, aliás, referir que a informação constante deste registo informático já é, na sua totalidade, de acesso público, constando dos processos judiciais pendentes em tribunal.

Com essas finalidades, esse registo informático disponibilizará todas as informações necessárias à realização da penhora, nomeadamente um rol dos processos de execução pendentes contra o executado, bem como informação sobre os bens já penhorados no património do mesmo e ainda um elenco das acções instauradas contra o exequente que foram declaradas findas ou suspensas.

A qualidade e tratamento dos dados não foi descurada, pelo que o seu registo e actualização, bem como o registo diário dos pedidos de consulta, dos acessos ao registo informático e dos certificados emitidos, é assegurado pela secretaria. Ainda no âmbito desta matéria, foi atribuída ao titular dos dados a faculdade de requerer, a todo o tempo, a actualização ou rectificação dos dados inscritos no registo.

Com o fito de proteger os dados de acessos ilegítimos, estabelece-se que apenas poderão proceder à consulta do registo informático de execuções determinadas categorias de pessoas: os magistrados judiciais ou do Ministério Público, as pessoas capazes de exercer o mandato judicial ou os solicitadores de execução, quando munidos de título executivo, o mandatário constituído ou o agente de execução nomeado, o próprio titular dos dados e ainda qualquer pessoa que tenha uma relação contratual ou pré-contratual com o executado, neste último caso mediante autorização judicial e verificados determinados requisitos legais.

Ponderados a natureza dos dados inscritos no registo e os objectivos da reforma, as únicas entidades com acesso directo ao registo são os magistrados judiciais ou do Ministério Público; nas restantes situações, a consulta do registo de execuções depende de pedido formulado em requerimento cujo modelo consta de portaria do Ministro da Justiça.

Ainda em obediência a objectivos de garantia da segurança da informação contida no registo de execuções, foram adoptadas medidas legislativas adequadas a proteger os dados pessoais, cabendo ao director-geral da Administração da Justiça velar pela utilização das medidas eficazes à prossecução desse propósito.

Com este diploma dá-se, assim, cumprimento ao disposto no n.º 4 do artigo 807.º do Código de Processo Civil, na redacção que lhe foi conferida pelo Decreto-Lei n.º 38/2003, de 8 de Março.

Nos termos do n.º 2 do artigo 22.º da Lei n.º 67/98, de 26 de Outubro, foi ouvida a Comissão Nacional de Protecção de Dados.

Assim:

Nos termos da alínea a) do n.º 1 do artigo 198.º da Constituição, o Governo decreta o seguinte:

Artigo 1.º

Objecto e finalidade do registo

1 – O registo informático de execuções contém o rol dos processos cíveis e laborais de execução e dos processos especiais de falência.

2 – O registo informático tem como finalidade a criação de mecanismos expeditos para conferir eficácia à penhora e à liquidação de bens.

3 – O registo informático tem ainda como finalidade a prevenção de eventuais conflitos jurisdicionais resultantes de incumprimento contratual.

Artigo 2.º
Dados do registo

1 – O registo informático de execuções contém o rol dos processos de execução pendentes e, relativamente a cada um deles, a seguinte informação:
 a) Identificação do processo;
 b) Identificação do agente de execução, através do seu nome e, sendo solicitador de execução, domicílio profissional, números de cédula pessoal e de identificação fiscal ou, sendo oficial de justiça, número mecanográfico;
 c) Identificação das partes, nos termos da alínea a) do n.º 1 do artigo 467.º do Código de Processo Civil, incluindo ainda, sempre que possível, o número de identificação de pessoa colectiva, a filiação, o número de identificação fiscal, o número de bilhete de identidade ou, na impossibilidade atendível da sua apresentação, os números de passaporte ou de licença de condução;
 d) Pedido, indicando o fim e o montante, a coisa ou a prestação, consoante os casos;
 e) Bens indicados para penhora;
 f) Bens penhorados, com indicação da data e hora da penhora e da adjudicação ou venda;
 g) Identificação dos créditos reclamados, através do seu titular e montante do crédito.

2 – Do mesmo registo consta também o rol das execuções findas ou suspensas, mencionando-se, além dos elementos referidos no número anterior:
 a) A extinção com pagamento integral;
 b) A extinção com pagamento parcial;
 c) A suspensão da instância por não se terem encontrado bens penhoráveis, nos termos do disposto no n.º 3 do artigo 832.º e no n.º 6 do artigo 833.º do Código de Processo Civil.

3 – Na sequência de despacho judicial, procede-se ainda à introdução dos seguintes dados:
 a) A pendência do processo de falência, bem como a sua extinção por falta ou insuficiência de bens susceptíveis de apreensão;

b) O arquivamento do processo executivo de trabalho, por não se terem encontrado bens para penhora.

4 – Os dados previstos no número anterior são acompanhados das informações referidas nas alíneas a) e c) do n.º 1.

5 – Não havendo indicação do número de identificação fiscal do titular dos dados ou, em alternativa, do número de bilhete de identidade, passaporte ou licença de condução, deve o solicitador de execução ser notificado pela secretaria, previamente à inscrição da execução no registo, para que aquele proceda, no prazo de 10 dias, à indicação de, pelo menos, um destes elementos identificativos.

6 – O solicitador de execução pode, se necessário para o fim previsto no número anterior, socorrer-se das bases de dados, arquivos e outros registos, nos termos previstos no artigo 833.º do Código de Processo Civil.

7 – Se o solicitador de execução não proceder à indicação dos elementos solicitados, com fundamento na inexistência dos mesmos, a secretaria inscreve a execução no registo informático sem tais elementos.

Artigo 3.º

Momento da inscrição

A secretaria inscreve o processo executivo no registo informático de execuções após a consulta prévia efectuada pelo agente de execução, nos termos do artigo 832.º do Código de Processo Civil.

Artigo 4.º

Modo de recolha e actualização

1 – Os dados do registo informático de execuções são inscritos e actualizados pela secretaria a partir dos elementos constantes dos autos.

2 – Os dados constantes dos n.ºs 1 e 2 do artigo 2.º são introduzidos diariamente pela secretaria onde corre o processo de execução.

Artigo 5.º

Actualização, rectificação e eliminação dos dados

1 – A actualização ou rectificação dos dados inscritos no registo informático de execuções pode ser requerida pelo respectivo titular, a todo o tempo, junto da secretaria onde corre o processo de execução.

2 – A extinção da execução por absolvição da instância ou por procedência da oposição à execução determina a eliminação oficiosa do registo da execução.

3 – O registo da execução finda com pagamento integral é igualmente eliminado oficiosamente, uma vez verificado o trânsito em julgado da decisão que determine ou verifique a extinção do processo.

4 – A menção de a execução ter findado com pagamento parcial ou suspensão da instância, nos termos das alíneas b) e c) do n.º 2 do artigo 2.º, pode ser eliminada a requerimento do devedor logo que este prove o cumprimento da obrigação.

Artigo 6.º
Legitimidade para consultar o registo informático

1 – A consulta do registo informático de execuções pode ser efectuada:

a) Por magistrado judicial ou do Ministério Público;
b) Por pessoa capaz de exercer o mandato judicial ou solicitador de execução, mediante exibição de título executivo contra o titular dos dados, antes de proposta a acção executiva;
c) Pelo mandatário constituído ou pelo agente de execução designado;
d) Pelo titular dos dados;
e) Por quem tenha relação contratual ou pré-contratual com o titular dos dados ou revele outro interesse atendível na consulta, mediante consentimento do titular ou autorização dada por entidade judicial.

2 – A consulta do registo informático de execuções para finalidades não determinantes da respectiva recolha depende de autorização da Comissão Nacional de Protecção de Dados, nos termos da legislação aplicável à protecção de dados pessoais.

Artigo 7.º
Competência para o acesso e consulta

1 – Proposta a acção executiva, o pedido de consulta é dirigido ao tribunal da causa.

2 – Não havendo ou não se conhecendo a acção proposta, o pedido de consulta é dirigido a qualquer tribunal cível.

Artigo 8.º

Formas de acesso

1 – A consulta do registo de execuções pode ser feito pelas formas seguintes:

a) Certificado passado pela secretaria do tribunal;
b) Acesso directo.

2 – O certificado deve transcrever integralmente todos os dados que o registo de execuções contém relativamente ao titular de dados.

3 – O certificado é passado no prazo máximo de três dias úteis a contar da data em que foi requerido.

4 – A passagem do certificado pode ser requerida com urgência, quando se alegue fundamento razoável, sendo o mesmo passado com preferência sobre o restante serviço, dentro do prazo máximo de vinte e quatro horas.

5 – Caso o requerimento seja enviado por telecópia ou correio electrónico, o prazo referido nos n.ᵒˢ 3 e 4 conta-se a partir da data em que é recebida a cópia de segurança.

6 – Pela passagem do certificado, é devida a quantia de um quarto de unidade de conta, que reverte, na sua totalidade, a favor do Cofre Geral dos Tribunais.

7 – No caso de a passagem do certificado ser requerida com urgência, a quantia referida no número anterior é elevada ao dobro.

8 – O certificado requerido por agente de execução nos termos da alínea c) do n.º 1 do artigo 6.º é expedido imediata e gratuitamente.

Artigo 9.º

Consulta por magistrados

1 – Os magistrados judiciais e do Ministério Público têm acesso directo ao registo informático.

2 – As pesquisas ou as tentativas de pesquisa directa de informação ficam registadas automaticamente por período nunca inferior a um ano.

Artigo 10.º

Consulta sem necessidade de autorização judicial

1 – Nos casos previstos nas alíneas b) a d) do n.º 1 do artigo 6.º, e ainda nos casos em que haja autorização do titular dos dados, o reque-

rimento é dirigido ao oficial de justiça da secretaria do tribunal competente.

2 – O requerimento é formulado em modelo aprovado por portaria do Ministro da Justiça.

3 – A utilização do modelo para requerimento de certificado pode ser dispensada, em condições a fixar por despacho do director-geral da Administração da Justiça, quando o pedido é feito presencialmente nas secretarias judiciais.

4 – O requerimento é acompanhado de comprovativo do pagamento da quantia referida nos n.os 6 e 7 do artigo 8.º ou da estampilha aprovada pela Portaria n.º 233/2003, de 17 de Março, de igual valor.

5 – Nos casos da alínea b) do n.º 1 do artigo 6.º, o requerimento é ainda acompanhado do original ou da cópia do título executivo.

6 – O requerimento é assinado pelo requerente e contém a sua identificação bem como a indicação do titular dos dados a que respeita.

7 – A identificação do requerente é feita pelo nome, estado e residência sendo confirmada:

a) Pela exibição do bilhete de identidade ou de outro documento de identificação idóneo;
b) Pelo reconhecimento da assinatura ou pela aposição de assinatura electrónica.

8 – A passagem do certificado deve ser rejeitada se o requerente não tiver legitimidade ou não respeitar o disposto nos n.os 2 a 6, sendo o requerimento devolvido com decisão fundamentada do oficial de justiça.

Artigo 11.º

Consulta com autorização do tribunal

1 – Nos casos referidos na alínea e) do n.º 1 do artigo 6.º, em que não haja autorização do titular dos dados, o requerimento de autorização para consulta do registo informático de execuções é dirigido ao juiz do tribunal competente, em modelo aprovado nos termos do n.º 2 do artigo anterior.

2 – No requerimento deve o requerente:

a) Designar o tribunal;
b) Identificar-se, indicando o seu nome, residência e, sempre que possível, filiação, número de bilhete de identidade e identificação fiscal;

c) Identificar o titular dos dados a consultar, indicando os elementos de identificação referidos na alínea anterior;
d) Expor os factos e as razões que servem de fundamento ao pedido.

3 – O requerente deve ainda juntar comprovativo do pagamento da quantia referida nos n.ᵒˢ 6 e 7 do artigo 8.º ou estampilha, aprovada pela Portaria n.º 233/2003, de 17 de Março, de igual valor.

4 – A secretaria recusa o recebimento do requerimento, indicando por escrito o fundamento da rejeição, quando o requerente não cumpra o disposto nos números anteriores.

5 – Do acto de recusa de recebimento cabe reclamação para o juiz, não havendo recurso do despacho que confirme o não recebimento.

6 – Recebido o requerimento, o juiz, no prazo de 10 dias, profere despacho fundamentado destinado a:

a) Recusar a consulta do registo informático;
b) Autorizar a consulta do registo informático, ordenando a secretaria a passar o respectivo certificado.

7 – Não cabe recurso dos despachos referidos no número anterior.

Artigo 12.º
Registo diário de acessos

1 – A secretaria assegura o registo diário dos pedidos de consulta, dos acessos ao registo informático de execuções e dos certificados emitidos, nos termos do disposto nos números seguintes, com o fim de evitar o acesso não autorizado aos dados pessoais recolhidos e de garantir o respectivo controlo administrativo.

2 – Feito o requerimento de consulta do registo de execuções, deve ser lançada a respectiva anotação no registo diário, que deve conter os seguintes elementos:

a) A data da entrada do requerimento;
b) O nome do requerente ou o seu cargo, quando se trate de entidade oficial que nessa qualidade assine o requerimento;
c) O nome e número de identificação fiscal do titular dos dados de que se pretende obter informação.

3 – O registo diário deve permitir ainda a identificação dos utilizadores do registo informático de execuções, a data e a hora dos respectivos acessos, bem como uma relação discriminada dos certificados emitidos.

4 – Apenas os funcionários da secretaria poderão consultar o registo diário, de harmonia com as indicações dadas pelos interessados.

5 – Aos dados constantes do registo diário de acessos aplica-se, com as devidas adaptações, o disposto no n.º 1 do artigo 5.º e no artigo seguinte.

Artigo 13.º
Conservação dos dados

Sem prejuízo do previsto no artigo 5.º relativamente à eliminação de determinados dados, os dados constantes do registo informático de execuções são conservados em registo até 10 anos após a extinção da instância.

Artigo 14.º
Consulta para fins de investigação criminal ou estatística

1 – Os dados registados na base de dados podem ser consultados, pelas entidades competentes, para efeitos de investigação criminal ou de instrução em processos judiciais, sempre que os dados não possam ou não devam ser obtidos através das entidades a quem respeitam.

2 – A informação contida nos dados pode ser divulgada para fins de estatística, desde que não possam ser identificáveis as pessoas a quem respeitam.

Artigo 15.º
Segurança dos dados

1 – São objecto de controlo, tendo em vista a segurança da informação:

a) Os suportes de dados, a fim de impedir que possam ser lidos, copiados, alterados ou eliminados por qualquer pessoa ou por qualquer forma não autorizada;
b) A inserção de dados, a fim de impedir a introdução, bem como qualquer tomada de conhecimento, transmissão, alteração ou eliminação não autorizada de dados pessoais;
c) O acesso aos dados de modo que as pessoas autorizadas só possam ter acesso aos dados que interessem ao exercício dos seus interesses reconhecidos por lei;

d) A transmissão de dados, para garantir que a sua utilização seja limitada às entidades autorizadas;
e) A introdução de dados, de forma a verificar-se quando e por quem foram introduzidos.

2 – Compete ao director-geral da Administração da Justiça garantir o respeito pelo disposto no número anterior, nomeadamente através da implementação de sistemas de acesso mediante palavras-passe, medidas de restrição de acessos aos equipamentos e aplicações, bem como auditorias para verificação dos acessos ao registo informático de execuções, a realizar através dos mecanismos previstos no artigo 12.º

Artigo 16.º

Regime transitório

No que respeita às acções entradas antes de 15 de Setembro de 2003, são desde já inscritos no registo informático das execuções os dados actualmente sujeitos a tratamento informático, sendo a inscrição dos restantes efectuada no prazo máximo de um ano a contar da entrada em vigor deste diploma.

Artigo 17.º

Entrada em vigor

O presente diploma entra em vigor no dia 15 de Setembro de 2003.

Visto e aprovado em Conselho de Ministros de 31 de Julho de 2003. – José Manuel Durão Barroso – João Luís Mota de Campos.

Promulgado em 2 de Setembro de 2003.

Publique-se.

O Presidente da República, Jorge Sampaio.

Referendado em 3 de Setembro de 2003.

O Primeiro-Ministro, *José Manuel Durão Barroso.*

DECRETO-LEI n.º 202/2003, de 10 de Setembro

Regula o regime de comunicações por meios telemáticos entre as secretarias judiciais e os solicitadores de execução

O Decreto-Lei n.º 38/2003, de 8 de Março, procedeu a uma alteração profunda do regime da acção executiva, que se traduziu, entre outras inovações, na criação da figura processual do agente de execução.

Tal função será exercida, primacialmente, por solicitadores de execução, profissionais que exercerão competências até hoje atribuídas às secretarias judiciais, sendo assim investidos de competência para a prática de actos próprios de um oficial público.

A efectiva melhoria do funcionamento dos tribunais e a maior celeridade da tramitação desta espécie de acções depende não só da alteração legislativa já efectuada mas também do recurso a meios expeditos para a comunicação entre o solicitador de execução e as secretarias judiciais, devendo estas duas entidades funcionar em estreita colaboração.

Assim, introduz-se com o presente diploma, pela primeira vez, uma regulamentação do disposto no n.º 5 do artigo 176.º do Código de Processo Civil relativamente às comunicações por meios telemáticos a efectuar pelas secretarias judiciais. Na verdade, até hoje, tal matéria das comunicações só havia sido regulamentada no que respeita à telecópia, por meio do Decreto-Lei n.º 28/92, de 27 de Fevereiro.

As comunicações assim efectuadas permitirão uma mais célere transmissão dos actos praticados, ficando as reproduções em papel de tais comunicações por meios telemáticos a ter o valor probatório de certidões dos documentos transmitidos por tal via.

Por razões de prudência, impõe-se ainda que, no que respeita aos documentos relativos ao acto de citação, o solicitador de execução deve proceder à junção dos respectivos originais, independentemente da sua comunicação por meios telemáticos.

Por último, e como forma de assegurar a conformidade das reproduções transmitidas com os respectivos originais, confere-se ao juiz a faculdade de exigir a apresentação dos mesmos.

Considerando o disposto no n.º 5 do artigo 176.º do Código de Processo Civil.

Foi ouvida a Câmara dos Solicitadores.

Assim:

Nos termos da alínea a) do n.º 1 do artigo 198.º da Constituição, o Governo decreta o seguinte:

Artigo 1.º

Objecto

O presente decreto-lei estabelece o regime das comunicações por meios telemáticos entre a secretaria judicial e o solicitador de execução, no âmbito das competências a exercer por este último como agente de execução em sede de processo executivo.

Artigo 2.º

Utilização dos meios telemáticos

1 – Na transmissão de quaisquer documentos, informações, notificações ou outras mensagens dirigidas ao solicitador de execução pode a secretaria judicial utilizar meios telemáticos que garantam a segurança das comunicações, designadamente a respectiva confidencialidade e fiabilidade, bem como a identificação inequívoca do transmissor e do destinatário.

2 – Na transmissão de quaisquer documentos, informações ou outras mensagens dirigidas à secretaria judicial pode o solicitador de execução utilizar os mesmos meios telemáticos referidos no número anterior.

3 – Os meios telemáticos utilizados devem ainda garantir a manutenção de um registo das comunicações efectuadas, com identificação do respectivo emissor e destinatário, data de transmissão e número de processo a que a transmissão se refere.

4 – Os meios telemáticos a utilizar devem ser previamente aprovados por despacho do director-geral da Administração da Justiça, depois de ouvida a Câmara dos Solicitadores.

Artigo 3.º
Requisitos da transmissão

1 – Os meios telemáticos a utilizar devem assegurar que o conteúdo das comunicações seja susceptível de representação como declaração escrita.

2 – Podem ser transmitidas:
   a) Reproduções dos originais dos documentos que se pretende dar a conhecer;
   b) Meras reproduções narrativas do teor dos documentos que se pretende dar a conhecer.

3 – A secretaria judicial deve juntar aos autos uma reprodução em papel do conteúdo da comunicação efectuada por meios telemáticos, que deve ser assinada pelo oficial de justiça.

4 – O solicitador de execução deve conservar no seu domicílio profissional, pelo prazo de 10 anos, os originais dos documentos cuja comunicação seja efectuada por meios telemáticos.

5 – No que respeita a quaisquer documentos respeitantes à efectivação do acto de citação, a comunicação por meios telemáticos não dispensa a junção aos autos pelo solicitador de execução dos respectivos originais.

Artigo 4.º
Força probatória

A reprodução em papel da comunicação efectuada por meios telemáticos nos termos do artigo anterior tem o valor de certidão do documento reproduzido, podendo tal força probatória ser invalidada ou modificada nos termos do artigo 385.º do Código Civil.

Artigo 5.º
Dever de apresentação

O juiz pode determinar, a todo o tempo, oficiosamente ou a requerimento de qualquer das partes, a apresentação, pelo solicitador de execução, do original do documento transmitido por meios telemáticos.

Artigo 6.º

Entrada em vigor

O presente diploma entra em vigor no dia 15 de Setembro de 2003, aplicando-se aos processos instaurados a partir desta data.

Visto e aprovado em Conselho de Ministros de 31 de Julho de 2003. – José Manuel Durão Barroso – João Luís Mota de Campos.

Promulgado em 2 de Setembro de 2003.

Publique-se.

O Presidente da República, JORGE SAMPAIO.

Referendado em 3 de Setembro de 2003.

O Primeiro-Ministro, *José Manuel Durão Barroso.*

PORTARIA n.º 969/2003, de 13 de Setembro

Cria a Secretaria-Geral de Execução das Varas Cíveis, dos Juízos Cíveis e dos Juízos de Pequena Instância Cível de Lisboa

O Decreto-Lei n.º 38/2003, de 8 de Março, procedeu a uma profunda reforma do processo de execução que passa pela desjurisdicionalização dos actos processuais, com o objectivo claro de libertar o juiz de tarefas processuais que não envolvam uma função jurisdicional e os funcionários judiciais da prática de actos fora dos tribunais.

Com esse intuito, o XV Governo Constitucional, entre outras medidas, criou a figura do agente de execução, a ser exercida, preferencialmente, pelo solicitador de execução, podendo ser desempenhada por funcionário judicial nas situações definidas pelo referido diploma.

No âmbito da reforma do processo executivo, a criação da secretaria de execução é indispensável à praticabilidade do novo regime, uma vez que será a unidade organizacional responsável pela tramitação dos processos de execução e o elo de ligação entre os funcionários de justiça da secretaria de execução e os solicitadores de execução.

Considerando que grande parte da litigância cível para cobrança de dívidas está concentrada na comarca de Lisboa, local de eleição para a fixação das sedes das empresas, e ponderando ainda que mais de 50% dos processos cíveis nos tribunais portugueses são processos de execução, cria-se, por ora apenas em Lisboa, a Secretaria-Geral de Execução das Varas Cíveis, dos Juízos Cíveis e dos Juízos de Pequena Instância Cível de Lisboa, à qual competirá registar e movimentar os processos de execução comum, coadjuvar o respectivo juiz na movimentação de processos e praticar todos os actos necessários à tramitação do processo, nomeadamente comunicar ao agente de execução os actos a praticar nos processos de execução, bem como receber a informação dos actos realizados.

Pretende-se, pois, com a criação desta secretaria de execução, retirar os processos das secções e libertar os respectivos funcionários judiciais do exercício de tarefas relacionadas com o processo comum de execução.

Ao abrigo do disposto no artigo 121.º-A da Lei n.º 3/99, de 13 de Janeiro, na redacção que lhe foi conferida pelo Decreto-Lei n.º 38/ /2003, de 8 de Março:

Manda o Governo, pela Ministra da Justiça, o seguinte:

1.º É criada a Secretaria-Geral de Execução das Varas Cíveis, dos Juízos Cíveis e dos Juízos de Pequena Instância Cível de Lisboa.

2.º O quadro de pessoal da Secretaria referida no número anterior será aprovado por portaria conjunta dos Ministros de Estado e das Finanças e da Justiça.

Pela Ministra de Justiça, João Luís Mota de Campos, Secretário de Estado Adjunto da Ministra da Justiça, em 13 de Agosto de 2003.

PORTARIA n.º 985-A/2003, de 15 de Setembro

Estabelece a entrega em formato digital do requerimento executivo.

O Decreto-Lei n.º 38/2003, de 8 de Março, procedeu à reforma do processo executivo, passando a prever, no n.º 2 do artigo 810.º do Código de Processo Civil, a existência de um modelo de requerimento executivo.

Em sua execução, o Decreto-Lei n.º 200/2003, de 10 de Setembro, aprovou o modelo de requerimento executivo, remetendo para portaria a definição da forma de entrega do mesmo em formato digital.

Importa, assim, proceder a tal definição, conferindo aos operadores judiciários a oportunidade de tomar contacto com este inovador regime, que introduzirá uma melhoria significativa no funcionamento das secretarias judiciais, ao permitir o tratamento automatizado da informação que nelas dá entrada.

Assim:

Ao abrigo da alínea c) do artigo 199.º da Constituição:

Manda o Governo, pela Ministra da Justiça, o seguinte:

1.º A entrega em formato digital do requerimento executivo previsto no Decreto-Lei n.º 200/2003, de 10 de Setembro, deve ser realizada por transmissão electrónica, em formulário próprio a disponibilizar pela Direcção-Geral da Administração da Justiça em página informática de acesso público.

2.º Do formulário de entrega de requerimento executivo devem constar os campos do modelo em papel aprovado pelo Decreto-Lei n.º 200/2003, de 10 de Setembro, ainda que apresentados de forma graficamente diversa.

3.º Os exequentes ou respectivos mandatários, a fim de apresentarem o requerimento executivo por transmissão electrónica, devem:

a) Aceder à secção «Requerimento executivo» da página informática da Direcção-Geral da Administração da Justiça com o endereço www.tribunaisnet.mj.pt;
b) Efectuar o envio de acordo com os procedimentos e instruções constantes daquele endereço.

4.º Compete à Direcção-Geral da Administração da Justiça definir os procedimentos técnicos a adoptar para se proceder à entrega do requerimento executivo em formato digital, bem como divulgá-los no site disponibilizado para a sua entrega.

5.º Depois de processado o envio por transmissão electrónica, o apresentante imprime uma cópia do requerimento executivo para entrega na secretaria judicial, servindo a mesma de recibo e cópia de segurança nos termos do artigo 150.º do Código de Processo Civil.

6.º A disponibilização da página informática referida no n.º 1.º é precedida de despacho do director-geral da Administração da Justiça, que verifica a conformidade da mesma com o disposto no Decreto-Lei n.º 200/2003, de 10 de Setembro, e na presente portaria.

7.º Mediante autorização da Direcção-Geral da Administração da Justiça, pode o requerimento executivo ser igualmente apresentado em lote, através de ficheiro informático, em formato e suporte definidos pela mesma.

8.º A autorização referida no n.º 7.º pode ser limitada a secretarias judiciais determinadas, produzindo efeitos a partir da data em que é concedida.

9.º A presente portaria entra em vigor em 15 de Setembro de 2003.

Pela Ministra da Justiça, José Luís Mota de Campos, Secretário de Estado Adjunto da Ministra da Justiça, em 11 de Setembro de 2003.

PORTARIA n.º 985-B/2003, de 15 de Setembro

Aprova o modelo de requerimento de acesso ao registo informático de execuções previsto no Código de Processo Civil

Ao abrigo do disposto no n.º 2 do artigo 10.º do Decreto-Lei n.º 201/2003, de 10 de Setembro:

Manda o Governo, pela Ministra da Justiça, o seguinte:

1.º É aprovado o modelo de requerimento de acesso ao registo informático de execuções, que consta do anexo I à presente portaria.

2.º A existência do modelo referido no artigo anterior deve ser divulgada de forma adequada aos interessados pelas secretarias judiciais.

3.º A presente portaria entra em vigor a partir do dia 15 de Setembro de 2003.

REQUERIMENTO
CONSULTA DO REGISTO INFORMÁTICO DE EXECUÇÕES
Aprovado pela Portaria 985-B/2003, de 15 de Setembro

Secretaria ou Tribunal competente _____ ☐ Urgente

RESERVADO À SECRETARIA	
Apresentação Recebido na secretaria em __/__/__ ☐ Em mão; ☐ via postal; ☐ telecópia*; ☐ correio electrónico*; ** Cópia de segurança em __/__/__*	**Registo**
Despacho (em caso de rejeição)	
☐ Falta de legitimidade do requerente ☐ Falta de pagamento do emolumento devido ☐ Omissão de identificação do requerente ☐ Omissão de identificação do titular dos dados ☐ Omissão de assinatura ☐ Falta de BI ou outro doc. de identificação do requerente ☐ Outro _____	
_____ , __/__/__ Assinatura _____	

Requerente

Nome	
Estado civil	
Residência	Rua/Av.
	Cód. Postal Localidade
Contactos	Telef. Fax
	Correio electrónico
NIF	Serv. Fin. Cód.
Bilhete de identidade n.º	
Outro documento	Tipo Data __/__/__ Emissor
	N.º
Qualidade em que o requerente formula o requerimento	☐ Agente de execução ☐ Mandatário Judicial ou solicitador de execução munido de título executivo ☐ Titular dos dados ☐ Pessoa com relação contratual ou pré-contratual com o titular dos dados ou outro interesse atendível (na falta de consentimento do titular, o requerente deve expor os fundamentos do requerimento e aguardar autorização judicial)

Titular dos dados

Nome	
Estado civil	
Residência	Rua/Av.
	Cód. Postal Localidade.
NIF	Serv. Fin. Cód.
Bilhete identidade n.º	
Outro documento	Tipo Data __/__/__ Emissor
	N.º

Fundamentos do pedido

Despacho judicial

Documentos apresentados
Prova de pagamento do emolumento devido ____ UC

Título executivo: ☐ cópia ☐ original *(obrigatório se não houver acção executiva)*

Outros documentos _____

Consentimento do titular dos dados
_____, ___/___/___

Ass. _____

Assinatura do requerente
_____, ___/___/___

Ass. _____

PORTARIA n.º 1322/2004, de 16 de Outubro

Altera a designação da Secretaria-Geral de Execução das Varas Cíveis, dos Juízos Cíveis e dos Juízos de Pequena Instância Cível de Lisboa e cria a Secretaria-Geral do Porto

No âmbito da reforma do regime jurídico da acção executiva, foi expressamente prevista a possibilidade de virem a ser criados juízos de execução, com competência específica, para as acções executivas. Paralelamente, previu-se a possibilidade de serem criadas secretarias de execução com competência para a realização das diligências necessárias à tramitação do processo comum de execução.

Pela Portaria n.º 969/2003, de 13 de Setembro, foi criada a Secretaria-Geral de Execução das Varas Cíveis, dos Juízos Cíveis e dos Juízos de Pequena Instância Cível de Lisboa, cujo quadro de pessoal foi aprovado pela Portaria n.º 1029/2004, de 10 de Agosto. Por seu turno, o Decreto-Lei n.º 148/2004, de 21 de Junho, procedeu à criação de juízos de execução em algumas comarcas do País, com base nos dados estatísticos das respectivas pendências, tendo previsto que a instalação e entrada em funcionamento dos novos juízos de execução é determinada por portaria do Ministério da Justiça.

Pela presente portaria são instalados os primeiros juízos de execução do País e é criada a Secretaria-Geral de Execução do Porto. Por outro lado, a instalação de juízos de execução em Lisboa, com competência para a generalidade das execuções desta comarca, impõe que se altere a actual designação da Secretaria-Geral de Execução das Varas Cíveis, dos Juízos Cíveis e dos Juízos de Pequena Instância Cível de Lisboa.

Assim:

Manda o Governo, pelo Ministro da Justiça, ao abrigo do disposto no artigo 5.º do Decreto-Lei n.º 148/2004, de 21 de Junho, e no artigo 121.º-A da Lei n.º 3/99, de 13 de Janeiro, aditado pelo Decreto-Lei n.º 38/2003, o seguinte:

1.º São declarados instalados, a partir de 18 de Outubro de 2004, o 1.º e o 2.º Juízos de Execução da Comarca de Lisboa e o 1.º Juízo de Execução da Comarca do Porto, compreendendo cada um deles três secções de processos.

2.º A Secretaria-Geral de Execução das Varas Cíveis, dos Juízos Cíveis e dos Juízos de Pequena Instância Cível de Lisboa, criada pela Portaria n.º 969/2003, de 13 de Setembro, passa a designar-se, a partir de 18 de Outubro de 2004, Secretaria-Geral de Execução de Lisboa.

3.º É criada a Secretaria-Geral de Execução do Porto, a qual é declarada instalada a partir de 18 de Outubro de 2004.

4.º A presente portaria entra em vigor no dia seguinte ao da respectiva publicação.

O Ministro da Justiça, José Pedro Correia de Aguiar Branco, em 11 de Outubro de 2004.

Estatuto dos Solicitadores (extracto)

Aprovado pelo DL n.º 88/2003, de 26 de Abril

(...)

CAPÍTULO IV
Solicitadores e solicitadores estagiários

SECÇÃO I
Solicitadores

SUBSECÇÃO I
Inscrição

(...)

Artigo 76.º
Lista dos solicitadores

1 – O conselho geral edita a lista dos solicitadores inscritos, devendo actualizá-la anualmente, indicando designadamente as inscrições em colégios de especialidade, as sociedades de solicitadores e os seus membros e a indicação dos solicitadores suspensos.

2 – A lista de solicitadores deve estar permanentemente actualizada em suporte informático público.

3 – Os solicitadores de execução serão mencionados em secção autónoma, em função das suas competências territoriais, contendo as listas sistemas de designação sequencial para a prestação de serviços decorrentes de nomeação judicial.

4 – Se o solicitador de execução estiver impossibilitado de exercer a sua especialidade, por motivo que não lhe permita a delegação prevista no artigo 128.º, será de imediato retirado da lista informática.

5 – Os conselhos regionais, por si ou através das delegações, devem enviar aos tribunais e aos serviços públicos relevantes as listas dos solicitadores com escritório no respectivo círculo judicial e comunicar às mesmas entidades as inscrições de novos solicitadores, bem como a suspensão e o cancelamento das inscrições.

(…)

CAPÍTULO V
Do exercício da solicitadoria

(…)

Artigo 100.º
Direitos dos solicitadores

1 – Os solicitadores podem, no exercício da sua profissão, requerer, por escrito ou oralmente, em qualquer tribunal ou serviço público, o exame de processos, livros ou documentos que não tenham carácter reservado ou secreto, bem como a passagem de certidões, sem necessidade de exibir procuração.

2 – A recusa do exame ou da certidão a que se refere o número anterior deve ser justificada imediatamente e por escrito.

3 – Os solicitadores têm direito de comunicar, pessoal e reservadamente, com os seus constituintes, mesmo quando estes se encontrem detidos ou presos.

4 – Os solicitadores, no exercício da profissão, têm preferência no atendimento e direito de ingresso nas secretarias judiciais e outros serviços públicos, nos termos da lei.

Artigo 101.º
Das garantias em geral

1 – Os magistrados, órgãos de polícia criminal e funcionários públicos devem assegurar aos solicitadores, quando no exercício da profissão,

tratamento compatível com a dignidade da solicitadoria e condições adequadas ao cabal desempenho do mandato.

2 – Nas audiências de julgamento, os solicitadores dispõem de bancada.

(...)

CAPÍTULO VI

Direitos e deveres dos solicitadores

(...)

Artigo 109.º

Deveres dos solicitadores

Sem prejuízo dos demais deveres consignados neste Estatuto, na lei, usos e costumes, aos solicitadores cumpre:

a) Não solicitar contra lei expressa, não usar meios ou expedientes ilegais, nem promover diligências inúteis ou prejudiciais para a correcta aplicação do direito e descoberta da verdade;
b) Declarar no acto de inscrição, para efeito de verificação de incompatibilidade, qualquer cargo ou actividade profissional que exerça;
c) Requerer a suspensão da inscrição na Câmara quando ocorrer incompatibilidade superveniente;
d) Pagar as quantias devidas a título de inscrições, quotas, assinatura da revista, multas e taxas;
e) Ter domicílio profissional e comunicar ao respectivo conselho regional a sua alteração, no prazo de quinze dias;
f) Manter os seus funcionários registados na Câmara, nos termos do regulamento aprovado em assembleia geral;
g) Recusar mandato ou nomeação oficiosa para causa que seja conexa com outra em que representem ou tenham representado a parte contrária;
h) Actuar com zelo e diligência relativamente a todas as questões que lhe sejam confiadas e proceder com urbanidade para com os colegas, magistrados, advogados e funcionários;
i) Prestar as informações que lhe sejam pedidas pela parte, relativas ao estado das diligências que lhe foram cometidas, e comunicar-

-lhe prontamente a sua realização ou a respectiva frustração, com indicação das suas causas;
j) Aplicar devidamente as quantias e coisas que lhe sejam confiadas;
l) Diligenciar no sentido do pagamento dos honorários e demais quantias devidas aos colegas ou aos advogados que os antecederam no mandato que lhes venha a ser confiado;
m) Não contactar ou manter relações com a parte contrária ou contra-interessados, quando representados por solicitador ou advogado, salvo se por eles for previamente autorizado;
n) Não desenvolver publicidade fora dos limites previstos por regulamento aprovado em assembleia-geral;
o) Não solicitar nem angariar clientes por si ou por interposta pessoa;
p) Usar o trajo profissional quando pleiteiem oralmente.

Artigo 110.º
Segredo profissional

1 – O solicitador é obrigado a segredo profissional no que respeita:

a) A factos referentes a assuntos profissionais que lhe tenham sido revelados pelo cliente, por sua ordem ou comissão, ou conhecidos no exercício da profissão;
b) A factos que, por virtude de cargo desempenhado na Câmara, qualquer colega ou advogado, obrigado, quanto aos mesmos factos, a segredo profissional, lhe tenha comunicado;
c) A factos comunicados por co-autor, co-réu, co-interessado do cliente, pelo respectivo representante ou mandatário;
d) A factos de que a parte contrária do cliente ou o respectivo representante ou mandatário lhe tenha dado conhecimento durante negociações com vista a acordo.

2 – A obrigação do segredo profissional existe, independentemente de o serviço solicitado ou cometido envolver representação judicial ou extrajudicial e de dever ser remunerado, bem como de o solicitador ter aceite, desempenhado a representação ou prestado o serviço.

3 – Cessa a obrigação do segredo profissional em tudo quanto seja absolutamente necessário à defesa da dignidade, direitos e interesses legítimos do solicitador, do cliente ou seus representantes, mediante prévia autorização do presidente do conselho regional.

4 – No caso de a dispensa ser requerida por membro actual ou antigo de órgão nacional ou regional ou por membro dos órgãos de colégio de especialidade, a decisão compete ao presidente da Câmara.

5 – Da decisão referida nos n.ᵒˢ 3 e 4 pode ser interposto recurso, respectivamente, para o presidente da Câmara e para o conselho superior.

6 – Não fazem prova em juízo as declarações feitas com violação do segredo profissional.

Artigo 111.º
Honorários

1 – Na fixação de honorários deve o solicitador proceder com moderação, atendendo ao tempo gasto, à dificuldade do assunto, à importância do serviço prestado, às posses dos interessados, aos resultados obtidos, ao esforço, à urgência do serviço, aos valores em causa, à praxe do foro e ao estilo da comarca.

2 – O solicitador pode exigir, a título de provisão, quantias por conta de honorários e despesas, podendo renunciar ao mandato se a exigência não for satisfeita.

3 – Sem prejuízo da possibilidade de ajuste prévio de honorários, não pode o solicitador exigir a título de honorários uma parte do objecto da dívida ou de outra pretensão ou estabelecer que o direito a honorários fique dependente do resultado da demanda ou negócio.

4 – O solicitador goza do direito de retenção de valores e objectos em seu poder até integral pagamento dos honorários e despesas a que tenha direito.

5 – Não se aplica o disposto no número anterior quando:

a) Estejam em causa coisas necessárias para a prova do direito do cliente;
b) A retenção possa causar prejuízos graves;
c) Seja prestada caução arbitrada pelo conselho regional.

6 – Sempre que lhe seja solicitado, pode o conselho geral, ouvidos os conselhos regionais, fixar tabelas de honorários de referência para certos actos ou tipos de serviço, a aplicar em uma ou mais comarcas.

7 – É proibido ao solicitador repartir honorários, salvo com solicitadores ou advogados que tenham prestado colaboração.

Artigo 112.º
Conta-clientes

1 – As quantias detidas por solicitador por conta dos seus clientes ou de terceiros, que lhe sejam confiadas ou destinadas a despesas, devem ser depositadas em conta ou contas abertas em instituição de crédito em nome do solicitador e identificadas como conta-clientes.

2 – O solicitador deve manter um registo rigoroso dos movimentos efectuados na conta-clientes relativamente a cada cliente, o qual é disponibilizado ao cliente respectivo sempre que solicitado e é diferenciado dos efectuados com as quantias detidas pelo solicitador a outro título.

3 – Só não existe a obrigação de depósito na conta-clientes das quantias em relação às quais o respectivo cliente tenha autorizado afectação diferente e nas de montante até cinco unidades de conta.

4 – Presume-se para todos os efeitos legais que as quantias depositadas em conta-clientes não constituem património próprio do solicitador.

5 – No âmbito de processo disciplinar, o solicitador pode ser notificado para apresentar o registo das contas-clientes.

6 – No caso de o solicitador falecer ou ficar impedido de exercer a profissão por um período que se preveja superior a noventa dias, os herdeiros ou seus representantes legais designam solicitador que assuma a liquidação das respectivas contas-clientes e proceda aos correspondentes pagamentos, devendo requerer a intervenção do conselho regional sempre que lhes surjam fundadas dúvidas sobre os proprietários.

7 – Sendo o solicitador impedido de exercer a profissão por decisão disciplinar, o respectivo conselho regional designa oficiosamente solicitador que assuma a liquidação das respectivas contas-clientes e proceda aos correspondentes pagamentos, devendo requerer a intervenção do conselho regional sempre que lhe surjam fundadas dúvidas sobre os proprietários.

8 – O solicitador designado nos termos dos n.os 6 e 7 recebe toda a colaboração das instituições de crédito e do solicitador impedido ou dos seus legais representantes, sendo-lhe entregues os registos das contas-clientes a liquidar.

9 – O solicitador não pode utilizar as quantias que lhe foram entregues pelos clientes ou terceiros para um fim específico, nomeadamente para se pagar dos seus honorários, salvo se tiver instruções nesse sentido.

10 – As disposições anteriores aplicam-se, com as necessárias adaptações, às contas-clientes abertas em nome de sociedades de solicitadores.

11 – O conselho geral regulamenta as contas-clientes.

(...)

CAPÍTULO VIII

Solicitador de execução

SECÇÃO I

Definição e inscrição

Artigo 116.º

Definição

O solicitador de execução é o solicitador que, sob fiscalização da Câmara e na dependência funcional do juiz da causa, exerce as competências específicas de agente de execução e as demais funções que lhe forem atribuídas por lei.

Artigo 117.º

Requisitos de inscrição

1 – Só pode exercer as funções de solicitador de execução o solicitador que:

a) Tenha três anos de exercício da profissão de solicitador, nos últimos cinco anos;
b) Não esteja abrangido por qualquer das restrições previstas no artigo 78.º;
c) Não tenha sido condenado em pena disciplinar superior a multa, enquanto solicitador;
Tenha sido aprovado nos exames finais do curso de formação de solicitador de execução, realizado há menos de cinco anos;
Tendo sido solicitador de execução, requeira dentro dos cinco anos posteriores à cessação da inscrição anterior, a sua reinscrição instruída com parecer favorável da secção regional deontológica, tendo em conta o relatório referido no n.º 5 do art.º 129.º;
Tenha as estruturas e os meios informáticos mínimos, definidos por regulamento aprovado pela assembleia geral.

2 – Na contagem do prazo previsto na alínea a) do número anterior não se inclui o tempo de estágio.

3 – No caso da alínea c) do n.º 1 pode o solicitador requerer a sua reabilitação.

Artigo 118.º
Curso do solicitador de execução

1 – O conselho geral organiza um curso de formação destinado aos solicitadores que pretendam inscrever-se no colégio de especialidade e que estejam ou possam vir a estar em condições de se inscreverem como solicitador de execução.

2 – O curso é organizado nos termos de regulamento e implica exames finais de aprovação perante júri pluridisciplinar.

Artigo 119.º
Inscrição definitiva e início de funções

1 – Verificado o cumprimento dos requisitos de inscrição, o respectivo conselho regional remete cópia do processo ao colégio da especialidade e ao conselho geral.

2 – O solicitador de execução só pode iniciar funções após a prestação de juramento solene em que, perante o presidente do Tribunal da Relação e o presidente regional da Câmara, assume o compromisso de cumprir as funções de solicitador de execução nos termos da lei e deste Estatuto.

SECÇÃO II
Incompatibilidades e impedimentos

Artigo 120.º
Incompatibilidades

1 – É incompatível com o exercício das funções de solicitador de execução:

a) O exercício do mandato judicial no processo executivo;
b) O exercício das funções próprias de solicitador de execução por conta da entidade empregadora, no âmbito de contrato de trabalho;
c) O desenvolvimento no seu escritório de outra actividade para além das de solicitadoria.

2 – As incompatibilidades a que está sujeito o solicitador de execução estendem-se aos respectivos sócios e àqueles com quem o solicitador partilhe escritório.

3 – São ainda aplicáveis subsidiariamente aos solicitadores de execução as incompatibilidades gerais inerente à profissão de solicitador.

Artigo 121.º

Impedimentos e suspeições do solicitador de execução

1 – É aplicável ao solicitador de execução, com as necessárias adaptações, o regime estabelecido no Código de Processo Civil acerca dos impedimentos e suspeições dos funcionários da secretaria.

2 – Constituem ainda impedimentos do solicitador de execução:

a) O exercício das funções de agente de execução quando haja participado na obtenção do título que serve de base à execução;
b) A representação judicial de alguma das partes, ocorrida nos últimos dois anos.

3 – Os impedimentos a que está sujeito o solicitador de execução estendem-se aos respectivos sócios e àqueles com quem o solicitador partilhe escritório.

4 – São ainda subsidiariamente aplicáveis aos solicitadores de execução os impedimentos gerais inerentes à profissão de solicitador.

Artigo 122.º

Pedido de escusa

1 – Os solicitadores de execução podem requerer à secção regional deontológica, em casos excepcionais e devidamente fundamentados, a suspensão de aceitar novos processos.

2 – Se a pretensão referida no número anterior for deferida, tal facto é imediatamente mencionado na lista a que se refere o n.º 3 do artigo 76.º.

3 – O solicitador de execução que haja aceite a designação feita pela parte ou tenha sido nomeado pela secretaria, nos termos do artigo 811.º- -A do Código de Processo Civil, só pode pedir escusa do exercício das suas funções:

a) Quando for membro de órgão nacional, regional, dos colégios de especialidade ou da direcção da Caixa de Previdência de Advogados e Solicitadores;

b) Se ocorrer motivo de impedimento ou suspeição.

4 – A invocação do impedimento e o pedido de escusa são feitos, no prazo máximo de dois dias sobre o conhecimento do respectivo facto, perante a secção regional deontológica, com conhecimento à secretaria de execução, devendo ser apreciadas no prazo máximo de dez dias.

5 – Se o motivo não for considerado justificado, o solicitador de execução tem de continuar a exercer as suas funções, sob pena de ser instaurado processo disciplinar.

ARTIGO 123.º
Deveres do solicitador de execução

Para além dos deveres a que estão sujeitos os solicitadores e sem prejuízo do disposto nos artigos seguintes, são deveres do solicitador de execução:

a) Praticar diligentemente os actos processuais de que seja incumbido, com observância escrupulosa dos prazos legais ou judicialmente fixados e dos deveres deontológicos que sobre si impendem;
b) Submeter a decisão do juiz os actos que dependam de despacho ou autorização judicial e cumpri-los nos precisos termos fixados;
c) Prestar ao tribunal os esclarecimentos que lhe forem solicitados sobre o andamento das diligências de que seja incumbido;
d) Prestar contas da actividade realizada, entregando prontamente as quantias, objectos ou documentos de que seja detentor por causa da sua actuação como solicitador de execução;
e) Conservar durante dez anos todos os documentos relativos às execuções ou outros actos por si praticados no âmbito da sua função;
f) Ter contabilidade organizada de acordo com o modelo a aprovar pelo conselho geral;
g) Não exercer nem permitir o exercício de actividades não forenses no seu escritório;
h) Apresentar a cédula ou cartão profissional no exercício da sua actividade;
i) Utilizar o selo branco, as insígnias e os selos de autenticação de assinatura reconhecidos e regulamentados pela Câmara;
j) Ter um endereço electrónico nos termos regulamentados pela Câmara;

l) Contratar e manter seguro de responsabilidade civil profissional de montante não inferior a 100 000 euros.

Artigo 124.º
Contas-clientes do solicitador de execução

1 – Os solicitadores de execução estão sujeitos às disposições sobre conta-clientes previstas neste Estatuto, acrescidas das especificidades constantes dos números seguintes.

2 – O solicitador deve ter em instituição de crédito conta à sua ordem, com menção da circunstância de se tratar de conta-clientes de solicitador de execução.

3 – Todas as quantias recebidas no âmbito de processos de execução, não destinadas ao pagamento de tarifas liquidadas, têm de ser depositadas numa conta-clientes de solicitador de execução.

4 – O registo de conta-clientes de solicitador de execução observa normas e procedimentos definidos em regulamento aprovado pelo conselho geral, que pode determinar um modelo em suporte informático e a obrigação de serem apresentados relatórios periódicos.

5 – Os juros creditados pelas instituições de crédito resultantes das quantias depositadas na conta-clientes de solicitador de execução são entregues proporcionalmente aos terceiros que a eles tenham direito.

6 – Os suportes documentais e informáticos das contas-clientes são obrigatoriamente disponibilizados, pela instituição de crédito e pelos solicitadores, à comissão de fiscalização do solicitador de execução prevista na presente secção, bem como ao instrutor de processo disciplinar.

7 – O solicitador de execução deve manter contas-clientes diferenciadas para serviços que não decorram da sua qualidade de agente de execução.

Artigo 125.º
Falta de provisão ou irregularidade na conta-clientes

1 – É imediatamente instaurado processo disciplinar no caso de se verificar falta de provisão em qualquer conta-clientes ou se houver indícios de irregularidade na respectiva movimentação.

2 – No caso previsto no número anterior, se a irregularidade não for corrigida ou sanada nas quarenta e oito horas a contar da data em que o solicitador de execução se considerar notificado, a secção regional deonto-

lógica determina as medidas cautelares que considere necessárias, podendo ordenar a sua suspensão preventiva, designando outro solicitador de execução que assuma a responsabilidade dos processos em curso e a gestão das respectivas contas-clientes.

3 – A notificação prevista no número anterior é efectuada pessoalmente ou por via postal, remetida sob registo para o domicilio profissional do solicitador de execução.

Artigo 126.º

Tarifas

1 – O solicitador de execução é obrigado a aplicar na remuneração dos seus serviços as tarifas aprovadas por portaria do Ministro da Justiça, ouvida a Câmara, a qual é objecto de revisão trienal.

2 – As tarifas previstas no número anterior podem compreender uma parte fixa, estabelecida para cada tipo de actividade processual e dependente do valor da causa, e uma parte variável, dependente da consumação do efeito ou resultado pretendido com a actuação do solicitador de execução.

3 – O solicitador de execução deve ter afixadas no seu escritório as tarifas aplicáveis nos processos de execução e, sempre que solicitado, fornecer aos interessados uma previsão dos custos.

Artigo 127.º

Caixa de compensações

1 – As receitas da caixa de compensações são constituídas por uma permilagem dos valores recebidos por actos tarifados no âmbito das funções de solicitador de execução.

2 – A caixa destina-se a compensar as deslocações efectuadas por solicitador de execução, dentro da própria comarca ou para qualquer lugar, nos casos de designação oficiosa, quando os seus custos excedam o valor definido na portaria referida no artigo anterior.

3 – O saldo remanescente da caixa de compensações é utilizado nas acções de formação dos solicitadores de execução ou candidatos a esta especialidade e no pagamento dos serviços de fiscalização.

4 – A permilagem referida no n.º 1, a forma de cobrança e os valores de compensação a receber são definidos em portaria do Ministro da Justiça, depois de ouvida a Câmara.

5 – A caixa de compensações é gerida por uma comissão dirigida pelo presidente da Câmara, composta por dois membros indicados pelo conselho de especialidade dos solicitadores de execução e por um representante de cada um dos conselhos regionais.

Artigo 128.º
Delegação

1 – O solicitador de execução pode delegar a execução de determinados actos noutro solicitador de execução, mantendo-se a responsabilidade a título solidário e comunicando prontamente tal facto à parte que o designou e ao tribunal.

2 – A delegação prevista no número anterior não pode exceder o prazo máximo de sessenta dias, excepto se existir autorização expressa e devidamente fundamentada da secção regional deontológica, nomeadamente por se verificar incapacidade temporária do solicitador.

Artigo 129.º
Substituição do solicitador de execução

1 – No caso de morte ou incapacidade definitiva do solicitador de execução, bem como se este requerer a cessação das funções na especialidade, for suspenso por período superior a dez dias ou expulso, o conselho regional indica o solicitador ou os solicitadores de execução que assumem a responsabilidade dos processos pendentes, quando o exequente não designar outro nos termos da lei de processo.

2 – Nos casos referidos no número anterior, o conselho regional decide num prazo de dez dias.

3 – Ao solicitador de execução substituto é obrigatoriamente entregue:

a) O arquivo dos processos de execução pendentes;
b) Os registos e suportes informáticos de contabilidade, das contas-clientes do solicitador de execução e do processo;
c) Os bens móveis de que o substituído era fiel depositário, na qualidade de solicitador de execução.

4 – São oficiosamente transferidos para o solicitador de execução substituto, mediante a apresentação de certidão emitida pelo competente conselho regional:

a) Os saldos das contas-clientes de solicitador de execução;

b) A qualidade de fiel depositário em processo pendente.

5 – O solicitador substituto deve apresentar à secção regional deontológica um relatório sobre a situação dos processos, com os respectivos acertos de contas.

6 – A secção regional deontológica instaura processo disciplinar sempre que o relatório referido no número anterior indicie a existência de irregularidades.

ARTIGO 130.º
Destituição judicial do solicitador de execução

A decisão judicial que determine a destituição do solicitador de execução num processo é imediatamente comunicada à secção regional deontológica, implicando obrigatoriamente a instauração de processo disciplinar, e admite recurso, a interpor pelo solicitador, em um grau, a subir imediatamente, em separado e com efeito meramente devolutivo.

Aplica-se ao caso de destituição judicial o preceituado no artigo anterior.

ARTIGO 131.º
Fiscalização

1 – Os solicitadores de execução são fiscalizados, pelo menos bienalmente, por uma comissão composta por um máximo de três solicitadores de execução, designados pela secção regional deontológica, a quem apresentam um relatório no prazo de quinze dias após o termo da inspecção.

2 – A comissão referida no número anterior pode ser assessorada por profissionais especializados, sendo compensadas as despesas e perda de rendimentos profissionais, nos termos de regulamento a aprovar pelo conselho geral.

3 – A secção regional deontológica pode determinar nova inspecção por outra comissão, sempre que o considere necessário.

4 – O funcionamento da comissão é objecto de regulamento do conselho geral.

CAPÍTULO IX

Acção disciplinar

SECÇÃO I

Disposições gerais

Artigo 132.º

Responsabilidade disciplinar

1 – Os solicitadores estão sujeitos ao poder disciplinar exclusivo dos órgãos da Câmara, nos termos previstos no presente Estatuto e nos respectivos regulamentos.

2 – Durante o tempo de suspensão da inscrição, o solicitador continua sujeito ao poder disciplinar da Câmara.

3 – O cancelamento da inscrição não faz cessar a responsabilidade disciplinar por infracções anteriormente praticadas.

Artigo 133.º

Infracções disciplinares

1 – Constitui infracção disciplinar a violação, por acção ou omissão, dos deveres consagrados no presente Estatuto, nas demais disposições legais aplicáveis e nos regulamentos internos.

2 – Sem prejuízo do disposto na lei ou regulamentação da Câmara, as situações previstas no número anterior são puníveis por negligência.

Artigo 134.º

Infracções disciplinares do solicitador de execução

1 – É aplicável ao solicitador de execução, com as necessárias adaptações, o regime a que estão sujeitos os solicitadores, no que diz respeito a deveres e a responsabilidade disciplinar.

2 – Constituem ainda infracção disciplinar do solicitador de execução:

a) A recusa, sem fundamento, do exercício das suas funções;
b) Não conservar durante o período estipulado na alínea e) do artigo 123.º todos os documentos relativos às execuções ou outros actos por si praticados;

c) Impedir ou por qualquer forma obstruir a fiscalização;
d) Não entregar prontamente as quantias, objectos ou documentos de que seja detentor, em consequência da sua actuação enquanto solicitador de execução;
e) Não ter contabilidade organizada, nem manter as contas-clientes segundo o modelo e regras aprovadas pela Câmara;
f) Praticar actos próprios da sua qualidade de solicitador de execução, sem que para tal tenha sido designado, exceder o âmbito da sua competência ou usar meios ou expedientes ilegais ou desproporcionados no exercício das suas funções;
g) Prejudicar voluntariamente o exequente ou o executado;
h) Não prestar atempadamente as informações ou esclarecimentos que lhe sejam pedidos pela parte que o designou ou solicitados pelo tribunal ou não cumprir ou executar as decisões do juiz;
i) Não entregar ao cliente, à Câmara ou ao Estado as quantias a estes devidos decorrentes da sua intervenção nos processos executivos;
j) Contratar ou manter funcionários ou colaboradores sem cumprir o regulamento específico aprovado pela assembleia geral.

3 – A pena a que se refere a alínea c) do n.º 1 do artigo 142.º corresponde a pena disciplinar de exclusão da lista de solicitadores de execução, definitivamente ou por um período determinado, a qual será aplicada cumulativamente com qualquer das penas previstas nas alíneas d) a h) do mesmo preceito legal.

ARTIGO 135.º
Prescrição do procedimento disciplinar

1 – O procedimento disciplinar prescreve no prazo de três anos sobre o conhecimento, por órgão da Câmara, da prática da infracção.

2 – As infracções disciplinares que constituam simultaneamente ilícito penal prescrevem no mesmo prazo que o processo criminal, quando este for superior.

3 – O prazo de prescrição do processo disciplinar suspende-se durante o tempo em que:

a) O processo disciplinar estiver suspenso, a aguardar despacho de acusação ou de pronúncia em processo penal;
b) O processo disciplinar estiver pendente, a partir da notificação da acusação;

c) A decisão do processo não puder ser notificada ao arguido, por motivo que lhe seja imputável.

Artigo 136.º
Desistência do procedimento disciplinar

A desistência do procedimento disciplinar pelo interessado extingue a responsabilidade disciplinar, salvo se a infracção imputada afectar a dignidade do solicitador visado ou o prestígio da Câmara ou da profissão.

Artigo 137.º
Participação pelos tribunais e outras entidades

1 – Os tribunais e quaisquer autoridades devem dar conhecimento à Câmara da prática, por solicitadores, de factos susceptíveis de constituírem infracção disciplinar.

2 – Sem prejuízo do disposto na lei de processo penal acerca do segredo de justiça, o Ministério Público e os órgãos de polícia criminal remetem à Câmara certidão das denúncias, participações ou queixas apresentadas contra solicitadores.

Artigo 138.º
Legitimidade procedimental

As pessoas com interesse directo, pessoal e legítimo relativamente aos factos participados podem intervir no processo, requerendo e alegando o que tiverem por conveniente.

Artigo 139.º
Instauração do processo disciplinar

1 – Qualquer órgão da Câmara e dos colégios de especialidade, oficiosamente ou tendo por base queixa, denúncia ou participação apresentada por pessoa devidamente identificada, contendo factos susceptíveis de integrarem infracção disciplinar, comunica os factos ao órgão competente para a instauração de processo disciplinar.

2 – O presidente da Câmara e o conselho superior podem, independentemente de participação, ordenar a instauração de processo disciplinar.

3 – Quando se conclua que a participação é infundada, dá-se dela conhecimento ao solicitador visado e são-lhe passadas as certidões que o

mesmo entenda necessárias para a tutela dos seus direitos e interesses legítimos.

Artigo 140.º
Natureza secreta do processo disciplinar

1 – O processo é de natureza secreta até ao despacho de acusação.

2 – O instrutor pode, contudo, autorizar a consulta do processo pelo participante ou pelo participado, quando não haja inconveniente para a instrução.

3 – O instrutor pode, no interesse da instrução do processo, dar a conhecer ao participante ou ao participado elementos do processo para que estes se pronunciem.

4 – O participado ou interessado, quando solicitador, que não respeite a natureza secreta do processo incorre em responsabilidade disciplinar.

Artigo 141.º
Direito subsidiário

Aplicam-se subsidiariamente ao exercício do poder disciplinar da Câmara as normas do Código Penal e do Código de Processo Penal, com as necessárias adaptações.

SECÇÃO II
Das penas

Artigo 142.º
Penas disciplinares

1 – As penas disciplinares são as seguintes:
a) Advertência;
b) Censura;
c) Exclusão da lista de solicitadores para a prestação de serviços oficiosos, definitivamente ou por um período determinado;
d) Multa de 500 euros a 25 000 euros;
e) Suspensão até dois anos;
f) Suspensão superior a dois e até cinco anos;

g) Suspensão superior a cinco e até dez anos;
h) Expulsão.

2 – Cumulativamente com qualquer das penas previstas neste Estatuto, pode ser imposta a sanção acessória de restituição de quantias, documentos ou objectos e, conjunta ou separadamente, a perda de honorários.

3 – As multas referidas na alínea d) do n.º 1 aplicadas a solicitadores de execução constituem receita da caixa de compensações, sendo as restantes receita do respectivo conselho regional.

Artigo 143.º

Averbamento da condenação em processo criminal

A condenação de solicitador em processo criminal é comunicada à Câmara, para efeito de averbamento no respectivo processo individual.

(…)

Bibliografia actualizada sobre a acção executiva

José João BAPTISTA, 2004, *Acção Executiva*, Lisboa: SPB Editores.

Maria José CAPELO, 2003, "Pressupostos Processuais Gerais na Acção Executiva", *in* Themis, ano IV, n.º 7, Coimbra: Almedina, pp.79-104.

Rui Pinto DUARTE, 2004, "A Penhora e a Venda Executiva do Estabelecimento Comercial", *in* Themis, ano V, n.º 9, Coimbra: Almedina, pp.123-135.

Fernando Amâncio FERREIRA, 2003, *Curso de Processo de Execução*, Coimbra: Almedina.

José Lebre de FREITAS / Armindo Ribeiro MENDES, 2003, *Código de Processo Civil Anotado*, vol. III, Coimbra: Coimbra Editora.

José Lebre de FREITAS, 2003, "Agente de Execução e Poder Jurisdicional", *in* Themis, ano IV, n.º 7, Coimbra: Almedina, pp. 19-34.

José Lebre de FREITAS, 2004, *A Acção Executiva depois da Reforma*, 4.ª edição, Coimbra: Coimbra Editora.

José Lebre de FREITAS, 2004, "Penhora e Oposição do Executado", *in* Themis, ano V, n.º 9, Coimbra: Almedina, pp. 11-24

António Santos Abrantes GERALDES, 2003, "Títulos Executivos", *in* Themis, ano IV, n.º 7, Coimbra: Almedina, pp. 35-66.

António Santos Abrantes GERALDES, 2004, "O Juiz e a Execução", *in* Themis, ano V, n.º 9, Coimbra: Almedina, pp. 25-42.

Manuel Januário da Costa GOMES, 2003, "Penhora de Direitos de Crédito – Breves Notas", *in* Themis, ano IV, n.º 7, Coimbra: Almedina, pp.105-132.

Gabriel Órfão GONÇALVES, 2004, Temas da Acção Executiva", *in* Themis, ano V, n.º 9, Coimbra: Almedina, pp. 263-302.

Mariana França GOUVEIA, 2003a, "Penhora e Alienação de Bens Móveis na Reforma da Acção Executiva", *in* Themis, ano IV, n.º 7, Coimbra: Almedina, pp. 165-197.

Mariana França Gouveia, 2003b, "Penhora de imóveis e registo predial na reforma da acção executiva", *in* Cadernos de Direito Privado, n.º 4, Out/Dez, Braga: CEJUR – Centro de Estudos Jurídicos do Minho, pp. 26-35.

Mariana França Gouveia, 2004, "O executado com responsabilidade subsidiária", *in* Themis, ano V, n.º 9, Coimbra: Almedina, pp. 109-122.

Paula Meira Lourenço, 2003, "Metodologia e Execução da Reforma da Acção Executiva", *in* Themis, ano IV, n.º 7, Coimbra: Almedina, pp. 137-202.

João Paulo Remédio Marques, 2004, "A penhora de créditos na reforma processual de 2003, referência à penhora de depósitos bancários", *in* Themis, ano V, n.º 9, Coimbra: Almedina, pp. 137-202.

Armindo Ribeiro Mendes, 2003, "Reclamação de créditos no processo executivo", *in* Themis – Revista de Direito, ano IV, n.º 7, Coimbra: Almedina, pp. 215--240.

Armindo Ribeiro Mendes, 2004, "Execução e Registo", *in* Themis – Revista de Direito, ano V, n.º 9, Coimbra: Almedina, pp. 207-225.

Paulo Pimenta, 2004, "Acção e Incidentes Declarativos na Dependência da Execução", *in* Themis – Revista de Direito, ano V, n.º 9, Coimbra: Almedina, pp.55-88.

Rui Pinto, 2003a, *Penhora, venda e pagamento*, Lisboa: Lex.

Rui Pinto, 2003b, "Penhora e Alienação de outros Direitos", *in* Themis, ano IV, n.º 7, Coimbra: Almedina, pp.133-164.

Rui Pinto, 2004, "A Execução e Terceiros – em especial na penhora e na venda", *in* Themis, ano V, n.º 9, Coimbra: Almedina, pp. 227-261.

Rui Pinto, 2004, *A Acção Executiva depois da Reforma*, Lisboa: Lex

Carlos Lopes do Rego, 2003, "Requisitos da Obrigação Exequenda", *in* Themis, ano IV, n.º 7, Coimbra: Almedina, pp. 67-77.

Carlos Lopes do Rego, 2004, "As Funções e o Estatuto Processual do Agente de Execução e Seu Reflexo no Papel dos Demais Intervenientes no Processo Executivo, *in* Themis, ano V, n.º 9, Coimbra: Almedina, pp. 43-54.

Elsa Sequeira Santos, 2004, "Reclamação, Verificação e Graduação de Créditos", *in* Themis, ano V, n.º 9, Coimbra: Almedina, pp. 89-107.

Paula Costa e Silva, 2003, "As Garantias do Executado", *in* Themis, ano IV, n.º 7, Coimbra: Almedina, pp. 199-214.

Paula Costa e SILVA, 2003, *A Reforma da Acção Executiva*, Coimbra: Coimbra Editora.

Carlos Oliveira SOARES, 2003, "O Caso Julgado na Acção Executiva", *in* Themis, ano IV, n.º 7, Coimbra: Almedina, pp. 241-259.

Miguel Teixeira de SOUSA, 2004, *A Reforma da Acção Executiva*, Lisboa: Lex

ÍNDICE REMISSIVO
(por termo)[1]

Adjudicação – 67; 129; 132; 142; 143; 144; 148
Acções pendentes (aplicabilidade a) – 1; 3; 8; 9
Agente de execução – 28; 31; 35; 38; 40; 41; 43; 44; 45; 48; 51; 52; 53; 56; 61; 62; 63; 64; 65; 66; 71; 73; 75; 76; 77; 81; 86; 88; 89; 90; 91; 92; 93; 94; 95; 97; 99; 100; 101; 102; 104; 107; 108; 109; 110; 112; 113; 115; 117; 118; 123; 130; 131; 144; 146; 147; 149
Autuação (início do processo) – 15; 125
Citação – 32; 41; 49; 50; 51; 52; 53; 54; 55; 56; 58; 59; 60; 61; 62; 63; 64; 65; 66; 67; 68; 70; 75; 80; 82; 80; 90; 97; 98; 112; 118; 121; 124; 127; 129; 133; 136; 146; 148
   Citação de credores – 66; 68; 124; 127, 129; 136
   Citação de pessoa colectiva – 50
   Citação prévia – 53; 54; 55; 56; 61; 65; 75; 80; 82; 121
   Citação em processo declarativo – 49; 51; 52
   Citação na execução para entrega de coisa certa – 70
   Despacho liminar de citação – 32; 54; 82
Consulta prévia – 27; 75; 76,
Conta do processo – 150
   Conta provisória do processo – 93

Depositário – 45; 96; 97; 102
Despacho liminar – 16; 32; 33; 54; 55; 75; 82; 115
Despejo – 71
Despesas da execução – 22; 39; 77; 88; 89; 111; 113; 118
Devedor subsidiário – 32; 57; 58; 59; 60; 79; 80; 81; 82; 83; 122
Distribuição – 22; 26; 35; 62
Documentos (junção ao processo) – 6; 16; 26; 42; 62; 111
Executado – 10; 11; 12; 13; 32; 27; 28; 32; 40; 53; 55; 56; 58; 60; 61; 62; 64; 65; 66; 67; 68; 69; 70; 75; 78; 80; 85; 87; 88; 89; 90; 95; 96; 97; 97; 99; 100; 101; 112; 113; 115; 116; 117; 118; 119; 120; 121; 122; 123; 126; 130; 132; 138; 145; 146; 147; 148; 149
   Cônjuge do executado – 10; 11; 12; 13, 67; 148
   Dados do executado – 27; 85
   Pluralidade de executados – 13; 65; 112
Extinção de execução – 87; 93; 113; 146; 147; 149
Férias judiciais (prática de actos) – 48
Força pública – 64; 84; 95; 100; 101; 104; 107; 111
Graduação de créditos – 113; 128; 130; 134; 135; 138; 140; 143
Habilitação de herdeiros – 14; 122

---

[1] A remissão é feita para o número da pergunta.

Honorários e despesas – 39; 40; 77; 88; 89; 111; 113; 118
Intervenção judicial suscitada – 16; 17; 33; 113
Juiz de execução – 7; 16; 17; 23; 25; 33; 36; 41; 43; 44; 47; 53; 54; 55; 73; 75; 81; 84; 88; 93; 99; 101; 104; 111; 113; 116; 123; 130; 147; 149
Competências do juiz de execução – 87
Poderes do juiz de execução – 31; 36; 41; 43; 47
Juros – 3; 5; 6; 135
Liquidação – 2; 3; 4; 5; 6; 7;8; 9; 16; 37; 89; 132; 146; 147; 150
Liquidação da execução – 2; 3; 5; 6; 8; 32; 89; 132; 146; 147; 150
Liquidação de obrigação – 2; 3; 4; 5; 6; 16; 89; 32
Liquidação de sentença – 2; 3; 8; 9; 37
Liquidação por árbitros – 7
Liquidação de título extrajudicial – 2; 3
Multa – 23; 24; 47; 150
Pagamento voluntário – 65; 66; 87; 89; 90, 145; 146; 147
Penhora – 10; 11; 12; 33; 37; 40; 48; 56; 60; 61; 64; 65; 66; 68; 70; 72; 73; 75; 77; 78; 79; 80; 81; 83; 84; 85; 86; 87; 88; 89; 90; 91; 92; 93; 94; 95; 96; 97; 97; 98; 99; 100; 101; 102; 103; 104; 105; 106; 108; 109; 110; 112; 113; 114; 115; 116; 117; 118; 119; 120; 121; 122; 123; 128; 129; 130; 131; 132; 133; 134; 136; 137; 142; 145; 146
Auto de penhora – 62; 66; 77; 89; 95; 104
Cancelamento do registo de penhora – 122; 123
Despacho judicial – 84; 86; 114; 115
Escolha dos bens para penhora – 28; 77; 86; 103; 120
Indicação de bens para penhora – 11; 28; 29; 57; 93; 115; 120

Levantamento de penhora – 87; 88; 99; 121; 122; 123; 118
Oposição à penhora – 48, 56; 60; 87; 88; 89; 99; 104; 108; 113; 120; 121, 122
Penhora de abonos, vencimentos ou salários – 56; 113; 117
Penhora de bens comuns – 10; 11; 122
Penhora de bens imóveis – 34; 32; 94; 95; 96; 97; 97; 98; 100; 101; 128; 134
Penhora de bens móveis – 29; 45; 64; 84; 98; 100; 101; 102; 128; 135
Penhora de bens móveis sujeitos a registo – 97; 98; 134
Penhora de créditos – 113; 116; 119
Penhora de depósitos bancários – 84; 115; 116
Penhora de outros direitos – 119
Penhora de rendimentos periódicos – 40; 56; 113; 117; 134
Penhora de universalidades de facto – 34; 29
Penhora de veículos automóveis – 100; 103; 104; 105; 106; 107; 108; 109; 110; 111
Penhora simulada – 131
Reforço da penhora – 56; 86; 88, 89; 121
Relatório de frustração de penhora – 91; 92; 93
Penhorabilidade parcial – 78
Penhorabilidade subsidiária – 57; 58; 59; 60; 79; 80; 81; 82; 83; 120; 122
Pluralidade de execuções – 130
Procuração forense – 25
Providências cautelares – 72; 73; 74
Reclamação de créditos – 66; 69; 113; 124; 125; 126; 128; 130; 131; 132; 133; 134; 136; 137; 138; 141; 146140; 140; 142; 149
Registo informático de execuções – 32;27, 55; 75; 76
Requerimento executivo – 3; 4; 11, 13;

14; 15; 16; 17; 18; 19; 20; 21; 22; 23; 24; 25; 26; 27;32; 33; 35; 36; 37 28; 30; 31; 34; 62; 70; 75; 115; 130
Assinatura electrónica no requerimento executivo – 20; 21
Cópia de segurança do requerimento executivo – 15; 22; 26
Falta de elementos no requerimento executivo – 16; 19; 25; 27; 28; 30
Indicação de bens no requerimento executivo – 33; 34; 9328; 29; 115
Recusa de requerimento executivo – 16; 17; 18; 19; 20; 22; 24; 25

Sanção pecuniária compulsória – 5; 6

Solicitador de execução – 27; 28; 29; 30; 31; 32; 34; 35; 36; 37; 38; 39; 40; 41; 42; 43; 44; 45; 46; 47; 48; 49; 51; 66; 71; 76; 85; 86; 87; 91; 92; 101; 102; 104; 107; 111; 113; 120; 143; 146
Cessação de funções do solicitador de execução – 34; 36; 44; 45; 46; 47
Competência territorial do solicitador de execução – 32; 35; 38; 51; 111
Conta-cliente do solicitador de execução – 39; 45; 146
Designação do solicitador de execução – 27; 29; 30; 31; 33; 36; 37; 38; 45; 51
Destituição judicial do solicitador de execução – 29; 36; 44; 46; 47
Honorários e despesas do solicitador de execução – 39; 40

Suspensão da instância – 66; 75; 89; 90; 93; 121; 137; 142; 143; 144145; 146

Sustação da execução – 130; 144; 147

Título executivo – 2; 3; 5; 6; 7; 16; 17; 35; 37; 38; 30; 32; 80
Insuficiência manifesta do título executivo – 16; 17; 33
Sentença – 2; 3; 7; 8; 9; 16; 35; 36; 37; 38; 30; 31; 32; 33; 71; 127; 130; 138; 142; 146

Venda judicial – 143; 40; 67; 87; 121; 129; 132; 145; 146; 148

ÍNDICE REMISSIVO
(por artigo)[1]

40.º, CPC – 25
46.º, CPC – 2;17
47.º, CPC – 9;17
48.º, CPC – 1 7
49.º, CPC – 17
50.º, CPC – 17
51.º, CPC – 17
52.º, CPC – 17
58.º, CPC – 130; 137
60.º, CPC – 25
90.º, CPC – 30; 31
143.º, CPC – 48
144.º, CPC – 48
146.º, CPC – 24
150.º, CPC – 15; 21; 22; 26
152.º, CPC – 21; 22
161.º, CPC – 16
195.º, CPC – 67; 129; 148
201.º, CPC – 67; 129; 148
202.º, CPC – 67; 129; 148
203.º, CPC – 67; 129; 148
228.º, CPC – 56
233.º, CPC – 53
234.º, CPC – 49
235.º, CPC – 62
236.º, CPC – 49; 50
237.º, CPC – 50
239.º, CPC – 49; 50; 51; 52; 53
241.º, CPC – 63
244.º, CPC – 61
267.º, CPC – 15;26

285.º, CPC – 93
291.º, CPC – 93
303.º, CPC – 121
304.º, CPC – 121
371.º, CPC – 14
378.º, CPC – 2; 3; 4; 9
380.º, CPC – 9
380.º-A.º, CPC – 7; 9
467.º, CPC – 16; 26
474.º, CPC – 16; 19; 20
519.º, CPC – 47
568.º, CPC – 7
661.º, CPC – 2; 9
680.º, CPC – 44
804.º, CPC – 32; 54
805.º, CPC – 2; 3; 4; 5; 6; 7
806.º, CPC – 26
807.º, CPC – 75
808.º, CPC – 35; 36; 38; 41; 43; 51; 52; 73; 88; 95; 97; 100; 109; 110; 111; 113; 149
809.º, CPC – 41; 73; 88; 113; 116; 147; 149
810.º, CPC – 11; 16; 27; 30; 34; 38; 115
811.º, CPC – 16; 17; 18; 19; 20; 22; 25; 33
811.º-A.º, CPC – 34; 37; 38
812.º, CPC – 16; 32; 33; 53; 54; 75; 80; 82; 115
812.º-A.º, CPC – 16; 32; 33; 54; 75; 80; 82

---

[1] A remissão é feita para o número da pergunta.

812.º-B.º, CPC – 54; 55; 61; 75; 80; 82
813.º, CPC – 56; 59; 121
817.º, CPC – 121
818.º, CPC – 75;121
820.º, CPC – 122
821.º, CPC – 28; 77; 88; 113; 118
822.º, CPC – 120
824.º, CPC – 78; 116;
824.º-A.º, CPC – 116; 120
825.º, CPC – 10; 11; 13; 122
827.º, CPC – 122
828.º, CPC – 57; 79; 80; 83; 120; 122
832.º, CPC – 75; 93; 130; 133
833.º, CPC – 27; 85; 93; 117
834.º, CPC – 28; 77; 86; 87; 89; 103; 121; 122
836.º, CPC – 104
837 .º, CPC – 91; 93
838.º, CPC – 94; 95; 98; 99; 104; 106; 119
839.º, CPC – 96
840.º, CPC – 84; 95; 100; 101
847.º, CPC – 87; 122
848.º, CPC – 84; 100; 101; 102
848.º-A.º, CPC – 102; 104
850.º, CPC – 84; 101; 104
851.º, CPC – 98; 104; 106; 107; 108; 109
856.º, CPC – 119
858.º, CPC – 112
861.º, CPC – 113
861.º-A.º, CPC – 84; 114; 115; 116
863.º, CPC – 60
863.º-A.º, CPC – 88;89;120
863.º-B.º, CPC – 56; 88; 89; 121; 122
864.º, CPC – 53; 56; 61; 62; 65; 67; 68; 98; 117; 121; 124; 129; 148
864.º-A.º, CPC – 12
865.º, CPC – 124; 125; 136
866.º, CPC – 69; 126; 131
868.º, CPC – 127; 128
870.º, CPC – 137
871.º, CPC – 130; 132; 137
872.º, CPC – 146
873.º, CPC – 140

875.º, CPC – 142; 143; 144
882.º, CPC – 66; 144
883.º, CPC – 144
884.º, CPC – 144
885.º, CPC – 87; 144
889.º, CPC – 138
901.º-A, CPC – 138
916.º, CPC – 89; 146; 147
917.º, CPC – 146
919.º, CPC – 90; 146
920.º, CPC – 149
922.º, CPC – 44
923.º, CPC – 44
928.º, CPC – 70
350.º, CC – 77
736.º, CC – 135
745.º, CC – 134
746.º, CC – 134
748.º, CC – 134
749.º, CC – 134
750.º, CC – 134
751.º, CC – 134
759.º, CC – 134
33.º, Cód. Custas Jud. – 150
33.º-A, Cód. Custas Jud. – 150
51.º, Cód. Custas Jud. – 93
53.º, Cód. Custas Jud. – 150
56.º, Cód. Custas Jud. – 150
114.º, Cód. Custas Jud. – 24
108.º, CIRC – 135
11.º, CIRS – 135
6.º, Cód. Reg. Pred. – 134
48.º, Cód. Reg. Pred. – 94
58.º, Cód. Reg. Pred. – 123
77.º, Cód. Reg. Pred. – 94
109.º, Cód. Reg. Pred. – 97
151.º, Cód. Reg. Pred. – 94
80.º, CPPT – 68
DL n.º 54/75, de 12 de Fevereiro – 104; 107
DL n.º 55/75, de 12 de Fevereiro – 105
DL n.º 103/80, de 9 de Maio – 134; 135
DL n.º 165/85, de 16 de Maio – 135
DL n.º 17/86, de 14 de Junho – 135
DL n.º 125/90, de 16 de Abril – 135

DL n.º **158/90, de 17 de Maio** – 135
DL n.º **100/97, de 13 de Setembro** – 135
DL n.º **112/97, de 16 de Setembro** – 135
DL n.º **38/2003, de 8 de Março** – 1; 3; 8; 9
DL n.º **199/2003, de 10 de Setembro** – 1; 9
DL n.º **200/2003, de 10 de Setembro** – 23; 24
DL n.º **201/2003, de 10 de Setembro** – 16; 27
111.º, ECS – 39
112.º, ECS – 39
116.º, ECS – 43
122.º, ECS – 34
123.º, ECS – 146
124.º, ECS – 146
129.º, ECS – **130.º, ECS** – 44; 46; 47
132.º, ECS – 47
133.º, ECS – 47
137.º, ECS – 47
138.º, ECS – 92
139.º, ECS – 92
142.º, ECS – 47; 92
Portaria n.º 28/2000, de 27 de Janeiro – 17
Portaria n.º 708/2003, de 4 de Agosto – 39; 40
Portaria n.º 985-A12003, de 15 de Setembro – 22
Portaria n.º 624/2004, de 16 de Junho – 21
59.º, RAU – 71
101.º, RAU – 71

Índice

I – A Fase Liminar	5
II – O Agente de Execução	19
III – As Citações	27
IV – A Penhora	37
V – A Reclamação de Créditos	59
VI – A Venda e o Pagamento	67
Ligações úteis	71
Legislação	73
— Portaria n.º 700/2003, de 31 de Julho – Aprova os modelos de auto de penhora, de edital de penhora de imóveis e de selo de penhora de veículos automóveis, no âmbito da acção executiva	75
— Portaria n.º 708/2003, de 4 de Agosto – Estabelece a remuneração e o reembolso das despesas do solicitador de execução no exercício da actividade de agente de execução	85
— Portaria n.º 941/2003, de 5 de Setembro – Estabelece os procedimentos e condições em que se processa a venda em depósitos públicos de bens penhorados, nos termos do art. 907.º-A do Código de Processo Civil	95
— Decreto-Lei n.º 200/2003, de 10 de Setembro – Aprova o modelo de requerimento executivo e prevê as respectivas formas de entrega	99
— Decreto-Lei n.º 201/2003, de 10 de Setembro – Regula o registo informático de execuções previsto no Código de Processo Civil	123

— Decreto-Lei n.º 202/2003, de 10 de Setembro – Regula o regime de comunicações por meios telemáticos entre as secretarias judiciais e os solicitadores de execução 133

— Portaria n.º 969/2003, de 13 de Setembro – Cria a Secretaria-Geral de Execução das Varas Cíveis, dos Juízos Cíveis e dos Juízos de Pequena Instância Cível de Lisboa 137

— Portaria n.º 985-A/2003, de 15 de Setembro – Estabelece a entrega em formato digital do requerimento executivo 139

— Portaria n.º 985-B/2003, de 15 de Setembro – Aprova o modelo de requerimento de acesso ao registo informático de execuções previsto no Código de Processo Civil 141

— Portaria n.º 1322/2004, de 16 de Outubro – Altera a designação da Secretaria-Geral de Execução das Varas Cíveis, dos Juízos Cíveis e dos Juízos de Pequena Instância Cível de Lisboa e cria a Secretaria-Geral do Porto 145

— Estatuto dos Solicitadores (extracto) – Aprovado pelo DL n.º 88/2003, de 26 de Abril 147

Bibliografia 167

Índices 171